Quick Guide

Reihe herausgegeben von
Springer Fachmedien Wiesbaden
Wiesbaden, Deutschland

Quick Guides liefern schnell erschließbares, kompaktes und umsetzungsorientiertes Wissen. Leser erhalten mit den Quick Guides verlässliche Fachinformationen, um mitreden, fundiert entscheiden und direkt handeln zu können.

Weitere Bände in der Reihe https://link.springer.com/bookseries/15709

Stefan Hunziker · Philipp Henrizi ·
Alexander Hilsbos · Thomas Schneeberger

Quick Guide Ganzheitliches Risk Management im Krankenhaus

Praxisleitfaden für Implementierung und Umsetzung

Stefan Hunziker
Wirtschaft/IFZ, Campus Zug-Rotkreuz
Hochschule Luzern
Rotkreuz, Schweiz

Alexander Hilsbos
Insel Gruppe AG
Bern, Schweiz

Philipp Henrizi
Wirtschaft/IFZ, Campus Zug-Rotkreuz
Hochschule Luzern
Rotkreuz, Schweiz

Thomas Schneeberger
new-win SW Solutions AG
Suhr, Schweiz

ISSN 2662-9240 ISSN 2662-9259 (electronic)
Quick Guide
ISBN 978-3-658-36848-7 ISBN 978-3-658-36849-4 (eBook)
https://doi.org/10.1007/978-3-658-36849-4

Die Deutsche Nationalbibliothek verzeichnet diese Publikation in der Deutschen Nationalbibliografie; detaillierte bibliografische Daten sind im Internet über http://dnb.d-nb.de abrufbar.

© Der/die Herausgeber bzw. der/die Autor(en), exklusiv lizenziert durch Springer Fachmedien Wiesbaden GmbH, ein Teil von Springer Nature 2022
Das Werk einschließlich aller seiner Teile ist urheberrechtlich geschützt. Jede Verwertung, die nicht ausdrücklich vom Urheberrechtsgesetz zugelassen ist, bedarf der vorherigen Zustimmung des Verlags. Das gilt insbesondere für Vervielfältigungen, Bearbeitungen, Übersetzungen, Mikroverfilmungen und die Einspeicherung und Verarbeitung in elektronischen Systemen.
Die Wiedergabe von allgemein beschreibenden Bezeichnungen, Marken, Unternehmensnamen etc. in diesem Werk bedeutet nicht, dass diese frei durch jedermann benutzt werden dürfen. Die Berechtigung zur Benutzung unterliegt, auch ohne gesonderten Hinweis hierzu, den Regeln des Markenrechts. Die Rechte des jeweiligen Zeicheninhabers sind zu beachten.
Der Verlag, die Autoren und die Herausgeber gehen davon aus, dass die Angaben und Informationen in diesem Werk zum Zeitpunkt der Veröffentlichung vollständig und korrekt sind. Weder der Verlag noch die Autoren oder die Herausgeber übernehmen, ausdrücklich oder implizit, Gewähr für den Inhalt des Werkes, etwaige Fehler oder Äußerungen. Der Verlag bleibt im Hinblick auf geografische Zuordnungen und Gebietsbezeichnungen in veröffentlichten Karten und Institutionsadressen neutral.

Planung/Lektorat: Vivien Bender
Springer Gabler ist ein Imprint der eingetragenen Gesellschaft Springer Fachmedien Wiesbaden GmbH und ist ein Teil von Springer Nature.
Die Anschrift der Gesellschaft ist: Abraham-Lincoln-Str. 46, 65189 Wiesbaden, Germany

Vorwort

Da Risikomanagement immer bedeutender für den Unternehmenserfolg wird, gibt es zwar eine Fülle von Literatur zu diesem Thema, jedoch wird dabei nicht spezifisch auf die vielschichtigen Aspekte des Gesundheitswesens eingegangen. Auch für die Implementierung eines Enterprise Risk Management in den Unternehmen des Gesundheitswesens stehen mittlerweile teilweise Hilfsmittel zur Verfügung. Konkrete und umfassende Leitfäden, welche insbesondere vertieften Bezug auf das Risikomanagement nehmen, fehlen hingegen gänzlich. Durch die fehlenden Vorgaben besteht die Gefahr, dass sich Krankenhäuser, Rehakliniken, Alters- und Pflegeheime, ambulante Pflegeeinrichtungen sowie Ärztezentren oder Arztpraxen an den Anforderungen bezüglich Risikomanagement aus der Industrie oder Finanzwirtschaft orientieren. Gemessen an den Erwartungen an einen Gesundheitsdienstleister wäre das ein falscher respektive wenig nutzenstiftender Ansatz. Wesentliche andere relevante Risiko-Bereiche, wie die Erreichung der Patientensicherheit, die Einhaltung der Risikonormen bei Medizinprodukten und der Medizintechnik, die Einhaltung von Compliance-Anforderungen, die Einhaltung von Hygienevorschriften sowie das Handling der bedeutendsten Verwaltungs-Risiken blieben damit unberücksichtigt. Durch das Fehlen von spezifischen Umsetzungskonzepten von Risikomanagement-Systemen im Gesundheitswesen wird die Notwendigkeit eines ganzheitlichen Ansatzes für die Gesundheitsbranche verstärkt.

Dieser Quick Guide wurde im Rahmen eines durch den Schweizer Bund (innosuisse) finanziertes Forschungsprojekt entwickelt. Dabei wurden Schweizer Krankenhäuser, insbesondere die Insel Gruppe AG in Bern, in Bezug auf die Bedürfnisse und die Implementierung eines ganzheitlichen Risikomanagements untersucht. In der weiteren Ausführung dieses Leitfadens wird das Konzept weitestgehend neutral beschrieben, um die Anwendung einem möglichst breiten Branchenfeld zu ermöglichen. Das Konzept wird jeweils mit konkreten Beispielen aus der Umsetzung und Anwendung bereichert, die aus dem Forschungsprojekt stammen und im Wesentlichen auf ein Krankenhausumfeld Bezug nehmen.

Am Forschungsprojekt waren folgende Institutionen beteiligt:

- *Institut für Finanzdienstleistungen Zug (IFZ)* der Hochschule Luzern fungierte als Forschungspartner und hat vor allem den wissenschaftlichen Anspruch an ein solches Projekt sichergestellt und das Konzept für die Umsetzung eines Enterprise Risk Management Ansatzes erarbeitet.
- *new-win SW Solutions AG* ist Anbieter von Software-Lösungen im Gesundheitswesen und hat als Hauptumsetzungspartner die Software für die Implementierung eines Enterprise Risk Managements entwickelt (vgl. www.newwin.ch/erm-software).
- *Insel Gruppe AG* ist eine Schweizer Klinikgruppe, bestehend aus einer Universitätsklinik, fünf Krankenhäusern und einem Altersheim, und diente als Hauptumsetzungspartner für die Implementierung und Verifizierung des entwickelten Konzepts.
- *H+ Bildung* ist auf die Fort- und Weiterbildung von Mitarbeitenden in Krankenhäusern, Heimen, Arztpraxen und der ambulanten Versorgung spezialisiert. Damit trägt H+ Bildung zur Verbreitung des entwickelten Konzepts und der Erhöhung der beruflichen Kompetenzen im Risikomanagement des Gesundheitswesens bei.

Wir haben während der Laufzeit des Forschungsprojektes viele wertvolle Kommentare und Vorschläge von Praktikern, Professoren und Forschenden zu diesem Quick Guide erhalten. Wir danken allen, die zu diesem Quick Guide beigetragen haben, ganz herzlich. Unser Dank gilt auch den folgenden Personen und Institutionen:

- Allen am Forschungsprojekt beteiligten Institutionen.
- Hochschule Luzern – Wirtschaft für die finanzielle Unterstützung.
- Springer Gabler: allen Kolleginnen und Kollegen aus den Bereichen Redaktion, Produktion und Marketing für die großartige Unterstützung, die diesen Quick Guide möglich gemacht haben.
- Franca Grünenfelder für ihre wertvollen Kommentare zum Manuskript und das Korrekturlesen.
- Unseren Familien und Verwandten, für ihre Geduld und ihr Verständnis für die vielen „schreibbedingten Abwesenheiten".

Stefan Hunziker
Philipp Henrizi
Alexander Hilsbos
Thomas Schneeberger

Inhaltsverzeichnis

1	**Zur Bedeutung von ERM im Gesundheitswesen**	1
	1.1 Einleitung	1
	1.2 ERM-Grundlagen	3
	1.3 ERM-Herausforderungen	11
	1.4 ERM-Nutzenversprechen	15
	Literatur	18
2	**Risk Governance**	21
	2.1 Risikopolitik	21
	2.2 Risikokultur	23
	2.3 Schnittstellen zu anderen Systemen und Funktionen	27
	2.4 Funktionen und Verantwortlichkeiten am Beispiel der Insel Gruppe	32
	2.5 Stakeholder Management am Beispiel der Insel Gruppe	34
	2.5.1 Ausgangslage	36
	2.5.2 Analyse der Stakeholder	36
	2.5.3 Kommunikation	39
	2.5.4 Schulung	40

2.6	Organisation der ERM-Funktion	40
	2.6.1 Aufbauorganisation	41
	2.6.2 ERM-Prozess	43
2.7	Tipps und Gestaltungsempfehlungen	45
2.8	Stolpersteine	47
2.9	Zusammenfassung der Aktivitäten (Checkliste)	50
Literatur		51

3 Ganzheitliche Risikoidentifikation — 53

3.1	Risikoidentifikation	54
	3.1.1 Der Risk Intake Prozess	55
	3.1.2 Vermeiden von Risikosilos	57
	3.1.3 Risikokategorisierung	59
	3.1.4 Analyse des externen und internen Umfelds	60
3.2	Qualitative Risikoanalyse	65
	3.2.1 Schadenshöhe	67
	3.2.2 Eintrittswahrscheinlichkeit	67
3.3	Risikofilter	68
3.4	Tipps und Gestaltungsempfehlungen	73
3.5	Stolpersteine	77
3.6	Zusammenfassung der Aktivitäten (Checkliste)	81
Literatur		82

4 Risikoanalyse und -steuerung — 83

4.1	Risikobewertung	83
4.2	Szenarioanalyse	85
	4.2.1 Quantitative Szenarioanalyse	87
	4.2.2 Szenarioentwicklung für Schlüsselrisiken	87
	4.2.3 Auswirkung auf die Unternehmenssteuergrösse	88
	4.2.4 Tipps und Gestaltungsempfehlungen	89
	4.2.5 Stolpersteine	92
	4.2.6 Zusammenfassung der Aktivitäten (Checkliste)	93

4.3	Risikoaggregation		93
	4.3.1	Gesamtrisikobewertung	93
	4.3.2	Tipps und Gestaltungsempfehlungen	97
	4.3.3	Stolpersteine	97
	4.3.4	Zusammenfassung der Aktivitäten (Checkliste)	99
Literatur			99

5 Risikobasierte Entscheidungen — 101

5.1	Entscheidungsrelevanz eines ERM		101
	5.1.1	Entscheidungen über Risikosteuerungsstrategien	102
	5.1.2	Entscheidung versus Ergebnis	103
5.2	Unterstützung von Entscheidungsprozessen		105
5.3	Tipps und Gestaltungsempfehlungen		111
5.4	Stolpersteine		113
5.5	Zusammenfassung der Aktivitäten (Checkliste)		114
Literatur			116

6 Berichterstattung und Verbesserungsprozess — 117

6.1	Risikoberichterstattung am Beispiel der Insel Gruppe		117
	6.1.1	Ausgangslage	118
	6.1.2	Jährliche Berichterstattung	118
	6.1.3	Risikobericht zuhanden des ARFA und VR	121
	6.1.4	Überwachung der Schlüsselrisiken	122
6.2	Effektivitätsprüfung des ERM		125
6.3	Tipps und Gestaltungsempfehlungen		125
6.4	Stolpersteine		130
6.5	Zusammenfassung der Aktivitäten (Checkliste)		131
Literatur			132

7 Zusammenfassung und Ausblick — 133
- 7.1 Risiken im Wandel — 133
- 7.2 Daten: Chance und Risiko für das moderne ERM — 135
- 7.3 Kompetenzen moderner Risk Manager — 137
- 7.4 Fazit — 140
- Literatur — 142

1

Zur Bedeutung von ERM im Gesundheitswesen

Was Sie aus diesem Kapitel mitnehmen
- Definition und Einordnung von Enterprise Risk Management (ERM)
- Bedeutung eines ERM für das Gesundheitswesen
- Verstehen der zentralen Herausforderungen von ERM
- Einordnen der Nutzenversprechen von ERM
- Bedeutung von Chancen und Risiken bei der Steuerung der Gesundheitseinrichtung

1.1 Einleitung

> „Half of the decisions made in organizations fail, making failure far more prevalent than previously thought" (Nutt, 2002, S. 22).

Die zunehmende Komplexität und Dynamik des Umfelds, in dem Organisationen agieren, hat zu einem Anstieg des Risikoniveaus in allen Bereichen organisatorischen Handelns geführt. Als Folge haben sich Disziplin und praktische Umsetzung von Enterprise Risk Management

(ERM) in verschiedenen Branchen (z. B. Gesundheitswesen, Finanzindustrie und Versicherungen, öffentliche Hand) und Organisationen aller Grössen durchgesetzt (Verbano & Venturini 2011; Hunziker 2021a).

Nicht alle Branchen sind dabei denselben Risiken ausgesetzt. Krankenhäuser sind mit spezifischen Risiken konfrontiert, die sich aus Entwicklungen, Trends und damit verbundenen Herausforderungen im Gesundheitswesen ergeben. Krankenhäuser in der Schweiz und Deutschland befinden sich in einem dynamischen Marktumfeld, in dem die gesundheitspolitischen Rahmenbedingungen sich stetig verändern und Entwicklungen schwer voraussehbar sind. Ebenso unterliegen das medizinische Wissen und die Medizintechnik einem schnellen Wandel, der von wissenschaftlichem und technischem Fortschritt geprägt wird.

Ein gut funktionierendes und nachhaltig finanziertes Gesundheitswesen ist für die Lebensqualität und den Wohlstand einer Gesellschaft von essenzieller Bedeutung. Umso mehr verwundert es, dass nach wie vor in vielen Bereichen der Gesundheitsbranche das ERM noch ein wenig beachtetes Thema darstellt, welches nur in wenigen Gesundheitseinrichtungen etabliert wurde. Krankenhäuser unterliegen einer Reihe von besonderen Risiken, da sie sich einerseits in einem dynamischen und stark regulierten Umfeld bewegen, und zusätzlich einem brisanten Mix aus medizinischen und rechtlichen, sowie ökonomischen Risiken ausgesetzt sind (Aujesky & Capaul, 2021).

Demographische Entwicklungen der Gesellschaft, wie die gestiegene Lebenserwartung und der damit verbundene Gesundheitszustand (Multimorbidität), die Entwicklung der Angebotskomplexität im Gesundheitswesen, der medizinische Fortschritt, Erwartungen und Ansprüche der Leistungsempfänger an das Gesundheitssystem, wachsender Mangel an qualifiziertem Personal und die im Krankenhaus vorherrschenden kulturellen Werte erhöhen den Druck auf die Organisationen des Gesundheitssystems (Hindle et al., 2005; Kohn et al., 2000). Die Bevölkerung erwartet vom Gesundheitswesen zunehmend mehr und bessere Leistungen immer kostengünstiger anbieten zu müssen. Zwar bieten neue medizinische und technologische Entwicklungen die Möglichkeiten für Einsparpotenzial, diese führen jedoch primär zu veränderten Kostenstrukturen, mittelfristig zu einer gesteigerten Nachfrage und schließlich zu einer weiteren Verschärfung des Investitions- und Ressourcenbedarfs (Horst, 2012).

Die genannten Herausforderungen treten nicht nur in Krankenhäusern auf, sondern lassen sich gleichermaßen auf alle übrigen Institutionen des Gesundheitswesens übertragen, wie z. B. Rehakliniken, Psychiatrische Dienste, Alters- und Pflegeheime, ambulante Pflegeeinrichtungen, Labore, Verwaltungseinheiten sowie Ärztezentren und Arztpraxen. Alle diese Einrichtungen vollziehen ein Chancen- und Risikokalkül im Rahmen ihrer strategischen Entscheidungsfindung. Bezogen auf das Eingangszitat von Nutt (2002) wird deutlich, dass Risiken und Chancen stets in Relation zu strategischen Zielen und diesbezüglichen unternehmerischen Entscheidungen betrachtet werden müssen.

Der vorliegende Quick Guide vermittelt anhand eines Praxisbeispiels, wie klinisches und betriebswirtschaftliches Risikomanagement ganzheitlich und aufeinander abgestimmt implementiert werden kann. Der Quick Guide schöpft dazu aus den Erkenntnissen eines durch die Autoren durchgeführten Forschungsprojektes zum "Ganzheitlichen Risikomanagement in Schweizer Spitälern". Das Forschungsprojekt begann im November 2016 und hat im Jahr 2018 ein implementierungsreifes Konzept vorgelegt, welches an einer großen Krankenhausgruppe in der Schweiz anschließend umgesetzt wurde. Die praktischen Erkenntnisse aus der Implementierung bilden den Schwerpunkt des vorliegenden Quick Guides.

1.2 ERM-Grundlagen

Als Ausgangspunkt für die Definition von ERM drängt sich ein Blick in die beiden bekanntesten ERM-Rahmenwerke auf, die vom Committee of Sponsoring Organizations of the Treadway Commission (COSO) und der International Organization for Standardization (ISO) herausgegeben werden. Beide Rahmenwerke wurden im Jahr 2017 (COSO) bzw. 2018 (ISO) aktualisiert.

Zweifellos ist COSO mit der Veröffentlichung des mittlerweile weltweit verbreiteten Rahmenwerks „Enterprise Risk Management – Integrated Framework" im Jahr 2004 einer der wichtigsten ERM-Advokaten. COSO ERM nimmt durch zwischenzeitlich erfolgte Anpassungen und Ergänzung bis heute an Bedeutung zu (Durrer, 2017). Folgende Aspekte unterstreichen die überdauernde Praktikabilität des Rahmenwerks:

- Prozessorientierung: Risiken werden, einem zyklischen Kreislauf folgend, identifiziert, bewertet, gesteuert und überwacht
- Zielbezug: Risiken und Chancen werden in Relation zu organisatorischen Zielen gesetzt
- Hierarchie: unterschiedliche Stufen in der Organisationshierarchie werden bei der Risikosteuerung berücksichtigt
- Bewertungsskalen: Einordnung von Risiken und Chancen nach verschiedenen Kriterien, die auch erweiterbar sind (u. a. Schadenshöhe und Eintrittswahrscheinlichkeit)
- Industrie-agnostisch: Konzepte und Leitlinien passen auf alle Organisationen, unabhängig von Branche, Größe oder Rechtsform.

Das COSO-Rahmenwerk besitzt kein Alleinstellungsmerkmal, es existiert eine Vielzahl anderer Konzeptionen, nach denen sich ein ERM in einer Einrichtung des Gesundheitswesens gestalten lässt. Gemäss COSO ist ERM definiert als:

> "The culture, capabilities, and practices, integrated with strategy-setting and its execution, that organizations rely on to manage risk in creating, preserving, and realizing value." (COSO 2017, p. 10).

Erkennbar legt COSO den Fokus nicht nur auf die Fähigkeiten, Techniken und Methoden, sondern auch auf kulturelle Aspekte. Eine angemessene Risikokultur ist für ein effektives ERM entscheidend (Levy et al., 2010; Vazquez, 2014). Ein zweiter Aspekt der ERM-Definition

von COSO betont, dass ERM mit der Strategieentwicklung und -umsetzung integriert werden soll.
ISO 31000 definiert Risikomanagement hingegen folgendermassen:

> "...coordinated activities to direct and control an organization with regard to risk" (ISO 31000:2018, p. 1).

Obwohl die ISO-Definition nicht explizit die Verbindung zwischen Risikomanagement (der Begriff «ERM» wird von ISO nicht verwendet) und Wertschöpfung enthält, spezifiziert sie den Zweck des Risk Managements im Abschnitt über die Grundsätze als die Kreierung und den Schutz von Werten, was dem Ansatz von COSO recht ähnlich ist (ISO 31000:2018, S. 2). Darüber hinaus betont die ISO-Norm, dass die Organisationskultur alle Aspekte des ERM maßgeblich beeinflusst, was wiederum mit COSOs Sicht auf ERM übereinstimmt. Insgesamt stellen beide Definitionen eine solide Grundlage für ein modernes ERM dar, da sie beide die Verbindung zwischen ERM und den Organisationszielen fördern.

Alternative Ansätze zu COSO und ISO 31000 postulieren in der Regel eine organisationsweit (d. h. in allen Bereichen und über alle Risikokategorien hinweg) erfolgende Identifizierung, Bewertung und Steuerung von Risiken sowie eine klare Verbindung zwischen ERM und den Organisationszielen, den Entscheidungsprozessen und der Kreierung von Mehrwert für alle Anspruchsgruppen (Hunziker 2021a).

Durch ein ERM können die Risiken systematischer analysiert und beurteilt sowie Maßnahmen zielgerichteter ergriffen werden, als dies in einer Ablauforganisation ohne eingebettetes ERM möglich wäre. Im modernen Verständnis wird unter Risiko die Abweichung von Organisationszielen sowie die Auswirkungen von Unsicherheiten auf die Organisationsziele verstanden. Diese Auswirkungen können nicht nur negativ (Risiko, Fehler), sondern auch positiv (Chance) sein.

> **Digitalisierung im Gesundheitswesen**
>
> Die Digitalisierung im Gesundheitswesen bringt zahlreiche Vorteile für Krankenhäuser, Ärzte, Patienten, Krankenkassen und Berufsgenossenschaften.
> - Einfacher und schneller Datenaustausch
> - Vermeidung redundanter Datenhaltung
> - Effizientere Durchführung von Behandlung, medizinischer Dokumentation und Abrechnung
> - Aber auch: erhöhte Anforderungen an Compliance und Datensicherheit
> - Kosten für die digitale Infrastruktur
> - Einhaltung hoher IT-Sicherheitsstandards
> - Risiken bezüglich Datenverlustes, -verfügbarkeit oder Datenintegrität
>
> Das Beispiel zeigt, dass Risiken die Kehrseite der Chance darstellen. Entscheiden bedeutet immer ein Abwägen von Risiken und Chancen.

Bei Entscheidungen stehen den Chancen in der Regel entsprechende Risiken gegenüber, die es zu berücksichtigen gilt. Als Maß für die Unsicherheit dienen Wahrscheinlichkeitsüberlegungen und die finanziellen Auswirkungen bei Risikoeintritt. Ähnlich definiert z. B. auch COSO ERM den Begriff Risiko als „die Möglichkeit des Auftretens von Ereignissen, welche die Umsetzung der Strategie oder die Zielerreichung beeinflussen können" (COSO 2017, S. 9). Während sich Organisationen, speziell auch im Gesundheitswesen, traditionellerweise häufig auf Risiken mit möglichen negativen Konsequenzen fokussieren (traditionelles Risikomanagement, Fehlermanagement, etc.), müssen im ERM-Ansatz auch Ereignisse und Entwicklungen mit positiven Folgen berücksichtigt werden. Der in diesem Quick Guide zugrunde liegende Risikobegriff wird demnach wie folgt definiert:

> Risiken sind unerwartete Ereignisse oder Entwicklungen, die sich unerwartet negativ oder positiv auf die geplante Zielerreichung und die Strategieumsetzung von Organisationen im Gesundheitswesen auswirken können. Das Risiko kann sich folglich in zwei Richtungen bewegen: Das Ergebnis kann besser (Chance) oder schlechter als ursprünglich erwartet

> ausfallen. Demnach trägt die zweiseitige Risikodefinition nicht zuletzt dem Gedanken Rechnung, dass mit Risiken oft auch Chancen verbunden sind.

Basierend auf dieser Definition legt es als pragmatischer Ansatz zur Implementierung eines ERM nahe, die Unternehmensrisiken aus den Zielen einer Organisation abzuleiten. Die Ziele können dabei verfehlt (Risiko) oder übertroffen werden (Chance). Auch lassen sich Ziele in monetäre Größen (z. B. Ertrag oder Kosten) oder in nicht-monetäre Größen (z. B. medizinische Versorgung oder Patientenzufriedenheit, Qualitätskennzahlen) ausdrücken. Entscheidend ist, dass auch nichtmonetäre Risiken in der Konsequenz immer finanzielle Auswirkungen haben und daher auch immer finanziell bewertet werden sollten. Auch nicht unmittelbar wirtschaftliche Ziele, wie die Reputation eines Krankenhauses, und der finanzielle Erfolg sind in der Realität miteinander verbunden, da die Reputation unmittelbaren Einfluss auf die Zuweisung und die Behandlungszahlen hat (Wengert & Schittenhelm, 2013).

Mögliche Zielabweichungen ergeben sich bei Gesundheitsdienstleistern aus Schäden, die sowohl von Ärzten und Pflegepersonal aber auch von der Verwaltung verursacht werden können. Unter anderem ist die rasante Entwicklung der Medizintechnik ein Grund für eine steigende Risikotendenz (Pippig, 2005). Viele der heutig verfügbaren Untersuchungs- und Behandlungsverfahren sind vielversprechender und erfolgreicher geworden, allerdings wird häufig zu wenig berücksichtigt, dass mit diesen auch größere Komplikationen und Gefahren einhergehen. Gleichzeitig steigen die Ansprüche der Patienten an sofortiger und umfassender medizinischer Dienstleistung. Die Komplexität der Behandlung und damit verbundene Risiken werden zwar durch die Dienstleister erläutert (Patientenaufklärung), aber nicht immer verstanden. Gleichzeitig nimmt die Bereitschaft von Patienten zu, bei Komplikationen oder einem schlechten Heilungsverlauf Anzeige zu erstatten. Patienten sind selbstbewusster geworden und das Patient-Arzt-Verhältnis wird zunehmend unpersönlicher. Mitunter tragen auch Berichte in den Medien über ärztliche Behandlungsfehler dazu bei, dass betroffene Patienten sich ermuntert fühlen, Klagen einzureichen (Bernsmann et al., 2002). Die erwähnten Aspekte erfordern ein ERM, das die genannten Punkte aufgreift und Qualitätsverlusten entgegenwirkt.

In der Praxis befürchten Entscheider in Organisationen, dass ERM als umfassender Ansatz unweigerlich zum Management von Hunderten oder gar Tausenden von Risiken führt. Dies würde zu einer Verwässerung der Risikosteuerung führen und einen ökonomisch effizienten Ressourceneinsatz verunmöglichen. ERM zielt jedoch nicht darauf ab, alle von Organisationen identifizierten Risiken zu bewerten, zu steuern und zu überwachen. ERM befasst sich primär mit den sogenannten Schlüsselrisiken. Ein Schlüsselrisiko wird wie folgt definiert:

> Ein Schlüsselrisiko repräsentiert ein Risiko, das bei Risikoeintritt eine oder mehrere von der Organisation festgelegte Signifikanzschwelle(n) überschreitet und damit eines oder mehrere Organisationsziele signifikant negativ beeinflussen kann.

Ein ERM adressiert in der Regel nicht mehrere hundert Risiken, wie dies bei einem internen Kontrollsystem eines großen Krankenhauses durchaus der Fall sein kann. Auf der Stufe ERM mit seinen Berichtslinien an die oberen Leitungsebenen (üblicherweise sind dies die Direktion und der Aufsichtsrat, bzw. der Verwaltungsrat und der Spitalrat) wird ein Umfang von ca. 15–25 wesentlichen Risiken als praktikabel, überschaubar und gleichzeitig handhabbar angesehen.

Ein praktikabler ERM-Ansatz erfordert zweckmäßige Kriterien, welche Risiken als Schlüsselrisiken zu qualifizieren sind. Alle anderen Risiken werden in einer Beobachtungsliste geführt, fließen aber nicht in das ERM-Modell ein, sondern werden dezentral weiterverfolgt. Die Praxis zeigt, dass unabhängig von der Größe und Branche einer Organisation, viele traditionelle Risikomanagement-Ansätze an ihrer Komplexität scheitern, weil sie alle erkannten Risiken einbeziehen, anstatt sich auf die Schlüsselrisiken zu konzentrieren.

Sind die Schlüsselrisiken einmal erkannt, ist eine Analyse der Ursachen und Wirkungen empfehlenswert. Risiken werden in eine Ursache-Wirkungs-Kette eingebettet und damit Ansatzpunkte für risikosteuernde

Maßnahmen greifbar gemacht. Wo Ursachen wenig beeinflussbar sind, z. B. politische und gesetzliche Rahmenbedingungen, setzen die Steuerungsmaßnahmen primär an der Wirkungsseite an. Auch hilft die Unterscheidung von Ursache und Wirkung bei der Beurteilung der erwarteten Effektivität der Maßnahmen: Präventive Maßnahmen setzen an der Ursache an und sind damit zu bevorzugen; häufig ist auf der Wirkungsseite nur schadenmindernder Eingriff möglich. Die Ursache ist häufig der Ausgangspunkt für die Definition effektiver Risikostrategien, was das fortgeführte Beispiel der Rehabilitationsklinik Sonnenschein illustriert.

> **Beispiel**
>
> Die Rehabilitationsklinik Sonnenschein hat das Schlüsselrisiko „Eintritt eines neuen Wettbewerbers" identifiziert und bewertet. Der schlimmste Fall ist ein Verlust von -5 % EBIT-Marge. Die Finanzchefin der Klinik argumentiert, dass dieses Risiko aufgrund seiner signifikanten Auswirkungen auf die finanziellen Ziele als finanzielles Risiko kategorisiert werden muss. In einer Besprechung mit dem Risikomanager erfährt die Finanzchefin, dass jedes Risiko nach seiner Risikoursache und nicht nach seiner Auswirkung zu kategorisieren ist, um Präventivmaßnahmen entwickeln zu können.
>
> Sodann erstellt der Risikomanager zusammen mit der Finanzchefin eine vereinfachte Ursache-Wirkungs-Kette für dieses spezifische Schlüsselrisiko:
>
> Durch das Versäumnis, neue Marktbedürfnisse in der Gesundheitsbranche rechtzeitig zu erkennen, könnten sich die Wettbewerber mit neuen und innovativen Rehabilitations-Angeboten einen Wettbewerbsvorteil gegenüber der Klinik Sonnenschein verschaffen. Dies kann zu einer geringeren Patientenzufriedenheit und zu weniger neuen Patientinnen und Patienten führen. Dies wiederum wirkt sich negativ auf unseren Umsatz aus und führt im schlimmsten Fall zu einem Verlust von -5 % EBIT-Marge.
>
> Die Finanzchefin zeigt Verständnis und stimmt zu, dieses Risiko aus der Kategorie der „finanziellen Risiken" in die Kategorie der „strategischen Risiken" zu verschieben. „Jetzt können wir über präventive Maßnahmen nachdenken", schlug sie vor.

Viele Risiken weisen sowohl ein Aufwärts- als auch Abwärtspotenzial auf, möglicherweise in unterschiedlichem Maße. So weisen z. B. das Schuldnerausfallrisiko und das IT-Ausfallrisiko keine symmetrische Chancen-Risiko-Verteilung auf, sondern sind stark abwärtsorientiert (unbelohnte Risiken). Dagegen kann das frühzeitige Erkennen veränderter Marktbedürfnisse oder der Markteintritt mit neuen Behandlungsalternativen zu einem strategischen Wettbewerbsvorteil mit überproportionalem Chancenpotenzial werden (belohnte Risiken). Um zu entscheiden, welche Risikostrategie für welches Risiko angemessen ist, befasst sich ein ERM mit verschiedenen positiven und negativen Szenarien, die den besten und den schlechtesten Fall an beiden Extrempunkten der geschätzten Bandbreiten abdecken. Angenommen, eine Krankenkasse berücksichtigt in ihrem ERM-Modell nur die negativen Szenarien aller Risiken. Dies würde in der Summe zu einer starken Überbewertung des Gesamtrisikos führen, da die positiven Szenarien (Chancen) und deren Diversifikationseffekte auf oberster Organisationsebene bei der Risikobewertung nicht berücksichtigt werden. Das folgende Beispiel veranschaulicht den Risikoausgleich zwischen zwei Risiken der Krankenkasse „Care & Health" AG.

> **Beispiel**
>
> Das Schweizer Krankenkasse „Care & Health" hat das Risiko einer unerwarteten Veränderung des Währungspaares CHF/€ als weiteres wesentliches Risiko identifiziert. Die Nachricht der Schweizerischen Nationalbank (SNB) vom 15. Januar 2015, dass der Mindestkurs von CHF 1,20 pro Euro aufgehoben werden soll, traf die Organisation unerwartet. Der Mindestkurs wurde in einer Zeit der starken Überbewertung des Schweizer Frankens und großer Unsicherheit an den Finanzmärkten eingeführt. Ziel dieser temporären Maßnahme war es, die Schweizer Wirtschaft vor finanziellem Schaden zu bewahren. Ein Grund für den Schritt der SNB zur Aufhebung des Mindestkurses war, dass sich die Überbewertung seit der Einführung des Mindestkurses generell etwas abgebaut hatte und sich die Organisationen auf die neue Situation einstellen konnten (SNB 2015).
>
> Die Aufwertung des CHF gegenüber dem Euro wirkte sich in zweierlei Hinsicht aus: Die Krankenkasse erlitt eine wechselkursbedingte Abwertung ihrer Kapitalanlagen im Jahr 2015 von rund 5 %. Gleichzeitig entwickelte sich die Struktur der Versicherten sowie die sich daraus ergebenden versicherungstechnischen Risiken positiver als erwartet. Werden beide Effekte miteinander verrechnet, ergibt sich sogar ein positiver Nettoeffekt. Ein traditionelles Risikomanagement hätte dieses Risiko deutlich überschätzt, da nur die negative Auswirkung aus dem Währungsrisiko in die Gesamtrisikobewertung, nicht jedoch die günstige Entwicklung der Kundenstruktur eingeflossen wäre.

Abschließend kann festgehalten werden, dass der Risikobegriff im modernen ERM-Ansatz nebst Risiken auch Chancen explizit adressiert. Eine ausgewogene Analyse beider Seiten der Medaille ermöglicht es, die mit einem Geschäftsziel oder einer strategischen Option verbundenen Chancen dem Risiko gegenüberzustellen.

1.3 ERM-Herausforderungen

Gerade weil Gesundheitsdienstleister vielfältigen Risiken ausgesetzt sind, die sich neben den bestehenden Marktrisiken aus der medizinischen Behandlung und den Bereichen Personal, Umwelt, Finanzen, Technik, Logistik, Kommunikation, Datenschutz sowie Arbeitsschutz ergeben, wird jedoch in der Praxis vor allem größerer Organisationen das Risikomanagement auf einzelnen Prozessebenen getrennt voneinander implementiert (Brühwiler, 2010). Die verantwortlichen Risikoüberwachungsfunktionen agieren dabei auf unterschiedliche Weise, Konzepte zum Umgang mit Chancen und Risiken sind nicht aufeinander abgestimmt, einzelne Aktivitäten werden mehrfach oder aber gar nicht ausgeführt und interne Richtlinien sind häufig widersprüchlich, die Begrifflichkeiten sind nicht einheitlich. In vielen Fällen sind den Mitarbeitenden, die sich mit dem klinischen Risikomanagement beschäftigen, die Ergebnisse und Methoden aus dem betriebswirtschaftlichen Bereich nicht einmal bekannt. Dementsprechend findet auch kein Austausch über eventuelle Wechselwirkungen zwischen übergreifenden Risiken und Maßnahmen statt. Dies führt zu Missverständnissen und Konfusion auf allen Ebenen der Organisation, zu unvollständigen Risikoprofilen, zu mangelhaftem ERM und schließlich auch zu Ineffizienzen in der Ressourcenallokation (Brühwiler, 2010).

An dieser Stelle setzt das ERM an, indem die verschiedenen Bereiche übergreifend analysiert und einheitlich beurteilt werden. Im Mittelpunkt des ERM von Gesundheitsdienstleistern steht in der Regel das medizinische (klinische) Risikomanagement mit Fokussierung auf Patientensicherheit und Vermeidung von Behandlungsfehlern. Die Zentrierung auf den Patienten ist allerdings nur ein Aspekt; das ERM umfasst mehr als nur das klinische Risikomanagement. Zur Verdeutlichung dient Risiko des Behandlungsfehlers, ein Risiko aus dem klinischen Bereich. Damit verbunden sind unmittelbare finanzielle Konsequenzen (Schadenersatzforderungen, Regressansprüche und mögliche Umsatzrückgänge), aber auch mittelfristige Wirkungen (Reputationsschaden, Rückgang bzw. Nichterreichen geforderter Fallzahlen, Umorientierung seitens der Zuweiser, Vertrauensverlust seitens der Bevölkerung).

Auch wenn dem klinischen Risikomanagement angesichts seiner Bedeutung für die Patientensicherheit besondere Beachtung geschenkt wird, dürfen die weiteren Risiken im Sinne eines ERM-Ansatzes nicht außer Acht gelassen werden. Es wird angestrebt, die unterschiedlichen Risiken und Chancen aller Unternehmensbereiche durch eine umfassende und ganzheitliche Sichtweise transparent darzustellen, um die gesamte Palette von medizinischen, finanziellen, technologischen, juristischen, personellen und umweltrelevanten Risiken im Kontext betrachten, identifizieren, bewerten und steuern zu können. Entscheidend sind dabei auch einheitliche Bewertungsmaßstäbe, um Risiken miteinander vergleichen zu können (Borghesi & Gaudenzi, 2013).

Um dies umzusetzen, werden dezentrale und verschiedene Risikomanagementprozesse in ein Enterprise Risk Management überführt. Damit wird eine Kaskade vielfältiger Risiken errichtet und die Basis gelegt, um prozessübergreifende Maßnahmen zur Risikobewältigung konsistent steuern zu können. Fehler werden früher erkannt und können durch proaktive Maßnahmen korrigiert werden, was vor allem bei einem komplexen und risikoreichen Umfeld – wie bei Gesundheitsdienstleistern – von hoher Relevanz ist (Borghesi & Gaudenzi, 2013). Darüber hinaus lassen sich durch die Vereinheitlichung der Risikomanagementprozesse in einem einheitlichen System klare Zuteilungen von Rollen und Verantwortungen treffen, was zu einer effizienteren Ressourcenallokation und zur Erzielung von Synergien führt. Abb. 1.1 verdeutlicht die gegenwärtige, unterschiedliche Risiko- und Prozessstruktur am Beispiel von Krankenhäusern und zeigt die Komplexität von medizinischen und betriebswirtschaftlichen Prozessen auf.

Wie in Abb. 1.1 dargestellt, ergeben sich Synergien aus den vielfältigen Schnittstellen und Vernetzungsmöglichkeiten mit anderen Funktionen des Krankenhauses. Die Art dieser Austauschbeziehungen wird im Abschn. 2.3 näher beschrieben. Die Herausforderung besteht darin, die verwandten Funktionen in ein stimmiges Konzept möglichst redundanzfrei, dafür aber mit Ausschöpfen der Wertgenerierung, einzubetten. Es stellt sich daher auch die Herausforderung, diese vier Kontrollsysteme aufeinander abzustimmen, sodass Redundanzen und Überschneidungen innerhalb dieser Führungssysteme vermieden sowie die Schnittstellen und Synergien zum ERM systematisch und mittels entsprechender Ressourcen respektive entsprechendem Know-how berücksichtigt werden (Hunziker & Meissner, 2017).

Obwohl ein effektives ERM-System insbesondere bei Kliniken unerlässlich ist, werden die Besonderheiten von Gesundheitsdienstleistern durch die bisherigen Definitionen, Umsetzungsempfehlungen sowie Rahmenwerke zum ERM nicht näher berücksichtigt. In der Gesetzgebung lassen sich zwar Bestimmungen zum internen Kontrollsystem sowie zur Risikobeurteilung finden, allerdings wird

Abb. 1.1 Unterschiedliche Risiko- und Prozessstruktur in Krankenhäusern

die konkrete Ausgestaltung des ERM weder im deutschen Handelsgesetzbuch (HGB) noch im Schweizerischen Obligationenrecht (OR) näher ausgeführt. Aufgrund von Art. 716a Abs. 1 Ziff. 1 (OR) hat der Verwaltungsrat (Aufsichtsorgan) die unübertragbare und unentziehbare Pflicht zur Ausgestaltung, Implementierung und Überwachung eines ERM (Durrer, 2017). Diese Pflicht gilt unabhängig von der Unternehmensgröße und auch unabhängig davon, ob der Verwaltungsrat im Lagebericht über die Durchführung einer Risikobeurteilung berichten muss (Durrer, 2017). Für öffentlich-rechtliche Organisationen sind ggf. anderweitige Vorgaben für das ERM relevant, auf die an dieser Stelle nicht weiter eingegangen wird.

Im dualistischen, deutschen System erfolgt eine Trennung zwischen Geschäftsführung (Vorstand) und Überwachung (Aufsichtsrat) (Eling & Pankoke 2014). Das deutsche Recht sieht gemäß § 43 GmbHG bzw. 93 Abs. 1 und 2 AktG die Sorgfaltspflicht der Geschäftsführung sowie in § 76 Abs. 1 sowie § 78 Abs. 1 AktG die allgemeine Leitungspflicht des Vorstands vor (Romeike 2018). In Deutschland gilt bereits seit der Einführung von § 91 Abs. 2 AktG im Jahr 1998 im Rahmen des Gesetzes zur Kontrolle und Transparenz im Unternehmensbereich (KonTraG) für Vorstände von mittelgroßen und großen Kapitalgesellschaften sowie Konzernmutterunternehmen eine Verpflichtung zur Einrichtung eines Früherkennungs- und Überwachungssystems (KonTraG 1998). Daneben existieren zahlreiche andere gesetzliche Vorgaben für verschiedene Institutionen im Gesundheitswesen, die direkt oder indirekt einen Einfluss auf die Ausgestaltung des ERM haben können (z. B. Patientenrechtegesetz, Richtlinien des Gemeinsamen Bundesausschusses als Basis für das klinische Risikomanagement in Deutschland).

> **Beispiel**
>
> Meyer und Brauchbar (2018) sehen u. a. folgende Trends und Herausforderungen im Gesundheitswesen:
> - Steigende Lebenserwartung und damit verbundene Zunahme chronischer Krankheiten („Multimorbidität")
> - Robotik und Automatisierung (intelligente Mensch-Maschine-Systeme)
> - Gesundheitskompetenz seitens der Bevölkerung ("Health Literacy") und daraus resultierende Forderung nach Mitbestimmung durch die Patienten („Partizipative Medizin").

> Diese Entwicklungen üben einen erheblichen Einfluss auf das Chancen- und Risikogefüge in der Branche aus. Das Gesundheitssystem wächst und passt sich laufend an neue Entwicklungen an. Es wird vermehrt integriert, präventiv, prädiktiv, ambulant, transparent und datengetrieben sein. Dies bedeutet Chancen und Risiken für neue Angebote, neue Berufsbilder, eine integrierte Versorgung und Effizienzsteigerungen. Das ERM nimmt diese Entwicklungen auf, leitet Trends ab und bindet die Erkenntnisse zu Chancen und Risiken in die Entscheidungsprozesse ein.

1.4 ERM-Nutzenversprechen

Ein häufig missverstandenes Ziel von ERM ist die vermeintliche Fokussierung auf Risikominimierung (um jeden Preis). ERM strebt vielmehr nach einem "idealen" Risikoniveau, um die Organisationsziele erreichen zu können. Bestimmte (Schlüssel-)Risiken müssen bewusst eingegangen werden, um strategische Chancen zu nutzen und damit einen Beitrag zur verbesserten Zukunftsfähigkeit zu liefern. Qualitativ hochstehende Entscheidungsprozesse durch die Berücksichtigung von Risiken und Chancen ist somit ein wichtiges Ziel eines ERM.

Zentrale Nutzenversprechen eines ERM sind die folgenden:

- Alle wesentlichen Risiken sollen berücksichtigt werden, denen eine Organisation ausgesetzt ist. Damit soll der langfristige und nachhaltige Unternehmenserfolg sichergestellt, sowie eine Reduktion der mit den Risiken verbunden Kosten erreicht werden.
- Eine fundierte Risikoanalyse verbessert die Qualität von Geschäftsentscheidungen, indem sie die Vergleichbarkeit der verschiedenen strategischen Optionen und der damit verbundenen Risiko-Ertrags-Profile erhöht und so ein ideales Dienstleistungsportfolio schafft.
- Organisationen erhalten einen Überblick über alle relevanten Risiken, Chancen und ihre jeweiligen Abhängigkeiten in einem Risikoportfolio. Dies ermöglicht Entscheidern, das Gesamtrisiko und dessen potenziellen Auswirkungen auf die Geschäftsziele zu analysieren.

- Ein ERM fördert den offenen Umgang mit Risiken das Risikobewusstsein und die Risikokultur in der gesamten Organisation. Damit wird deutlich, dass gezieltes ERM zu insgesamt geringeren Kosten führen kann, da die Risiken für Organisationen und Kapitalgeber geringer werden (Gleißner, 2017; Wengert & Schittenhelm, 2013).
- ERM kann zu stabilerem Cashflows, geringeren Kapitalkosten durch verbesserte Fremdkapitalkonditionen und besserer Ausnutzung von Eigenkapital (Risikokapital) führen.

> **Beispiel**
>
> Für ein Krankenhaus können folgende Ziele mit einem ERM verfolgt werden:
>
> - Reduktion von Versicherungsbeiträgen. Versicherungsunternehmen gewähren Krankenhäusern Prämienermäßigungen, falls ein funktionierendes ERM mit wirksamen Maßnahmen zur Risikoreduktion nachgewiesen werden kann. So berücksichtigen Versicherungsunternehmen z. B. die Organisationsstrukturen, die Schwerpunktsetzung der klinischen Abteilungen, die Größe des Krankenhauses und die eingetretenen Risiken der letzten Jahre, sowie die Effektivität im Umgang mit Schwachstellen, Risiken und Schaden-Prophylaxe (Kahla-Witsch & Platzer 2007).
> - Reduktion von Patientenrisiken. Die hohen Erwartungen an Patientensicherheit können mit einem ERM adressiert werden. An erster Stelle hat Risikomanagement im Krankenhaus den Zweck, Patienten, deren Angehörige und Mitarbeitende vor Schädigungen zu schützen (Wiedensohler, 2000).
> - Reduktion der Fehlerkosten. Die finanziellen Konsequenzen von medizinischen Behandlungsfehlern können sehr hoch ausfallen: Schadenersatzforderungen und steigende Haftpflichtversicherungsbeiträge sind zwei Beispiele. Dazu kommen Reputationsverluste, die das Vertrauen der Patienten schmälern. Dies kann zu rückläufigen Belegungszahlen und Ertragsausfällen führen (Schmola, 2016).
> - Signalwirkung gegenüber externen Stakeholdern. Ein wirksames ERM kann auch dazu dienen, das Vertrauensverhältnis gegenüber Patienten, Politik, Steuerzahlern, etc. zu erhöhen. Die Erhaltung einer intakten Reputation spielt dabei eine zentrale Rolle.
> - Sicherstellung einer angemessenen Compliance, mit Fokus auf sensible Patientendaten.

- Optimierung der wirtschaftlichen Situation von Krankenhäusern, indem strategische Entscheidungen unter Chancen- und Risikoabwägungen getroffen werden.
- Verhindern von Überschuldung oder Illiquidität der Einrichtung.
- Ebenso dient ein ERM dem Schutz und der Bewahrung von Sachwerten wie Gebäude, Einrichtungen, medizinische Apparate, Brandschutz, Wasserschadenschutz (Wiedensohler, 2000).
- Einhaltung sozialrechtlicher Regelungen (z. B. § 137 Abs. 1d SGB V und KonTraG in Deutschland).

Die Bedeutung des ERM für den Unternehmenserfolg nimmt zu. Es gibt es zwar eine Fülle von Literatur zu diesem Thema, jedoch wird dabei nicht spezifisch auf die vielschichtigen Aspekte des Gesundheitswesens eingegangen. Auch bei der Implementierung eines ERM in den Unternehmen des Gesundheitswesens stehen mittlerweile zwar Hilfsmittel zur Verfügung, konkrete und umfassende Leitfäden, welche insbesondere vertieften Bezug auf das ERM nehmen, fehlen hingegen. Es besteht die Gefahr, dass sich Krankenhäuser, Rehakliniken, Alters- und Pflegeheime, ambulante Pflegeeinrichtungen sowie Ärztezentren oder Arztpraxen an den Anforderungen bezüglich Risikomanagement aus der Industrie oder Finanzwirtschaft orientieren, was keine optimale Vorgehensweise darstellt. Zu unterschiedlich sind die spezifischen Anforderungen, was einerseits in der Finanzindustrie verpflichtend ist, im Gesundheitswesen jedoch keine Relevanz besitzt, und was umgekehrt in der Gesundheitsbranche unumgänglich ist, jedoch keine Entsprechung in anderen Industriezweigen besitzt.

Wesentliche Risikothemen, wie die Erreichung der Patientensicherheit, die Einhaltung der Risikonormen bei Medizinprodukten und der Medizintechnik, die Einhaltung von Compliance-Anforderungen, die Einhaltung von Hygienevorschriften sowie das Handling der bedeutendsten Verwaltungsrisiken blieben damit unberücksichtigt. Durch das Fehlen von spezifischen Umsetzungskonzepten für ERM im Gesundheitswesen wird die Notwendigkeit eines ganzheitlichen Ansatzes für die Gesundheitsbranche verstärkt.

> **Transfer in die Praxis**
> - Stellen Sie sicher, dass die Ziele des ERM vor Projektbeginn realistisch gesetzt und kommuniziert werden
> - Definieren Sie Risiko als in der Zukunft liegende Unsicherheit, die auch Chancen mit sich bringen kann.
> - Berücksichtigen Sie alle Risikokategorien ganzheitlich und vermeiden Sie das Silodenken.
> - Investieren Sie genügend Ressourcen in die (Weiter-)Entwicklung einer gesunden Risikokultur. Sie steht in direktem Zusammenhang mit dem Erfolg Ihres ERM.

Literatur

Aujesky, P., Capaul, R. (2021). Gegen die zunehmende Ökonomisierung der Medizin. *Schweizerische Ärztezeitung 2021*;102(2728):911–912. DOI: https://doi.org/10.4414/saez.2021.19937

Bernsmann, K., Neumann, M., Schleberger, R., Sedlaczek, A. (2002). *Riskmanagement in der Krankenhauspraxis. Eine Einführung mit Anwendungsbeispielen aus orthopädischen Kliniken.* Stuttgart/Berlin/Köln.

Borghesi, A., & Gaudenzi, B. (2013). *Risk Management – How to Assess, Transfer and Communicate Critical Risks.* Springer.

Brühwiler, B. (2010). *Risikomanagement verstärken. In: Schweizerische Ärztezeitung, 91*(3), 41–43.

Carroll, R. (2009). *Risk Management Handbook for Health Care Organizations.* Jossey-Bass.

Committee of Sponsoring Organizations of the Treadway Commission (COSO ERM) (2017). Enterprise Risk Management – Integrating with Strategy and Performance. Jersey City, NJ: AICPA.

Dobler, T. (2011). Ausbau des Risikomanagement- und Compliance-Systems in besonders schwierigem Unternehmensumfeld. *Krisen-, Sanierungs- und Insolvenzberatung, 2,* 64–68.

Durrer, M. (2017). *Die Pflicht des Verwaltungsrates zum integralen Risikomanagement in KMU.* Dike Verlag, Zürich/St.

Eling, M. & Pankoke, D. (2014). Deutscher Aufsichtsrat versus Schweizer Verwaltungsrat: syste-matischer Abgleich und Evaluation der zentralen Kontroll- und Leitungsgremien im deutsch-sprachigen Versicherungsbereich. In *Zeitschrift für die gesamte Versicherungswissenschaft: Zeitschrift des Deutschen Vereins für Versicherungswissenschaft* e.V. 103 (2, (5)), S. 137–165.

Gleißner, W. (2017). *Grundlagen des Risikomanagements* (3. Aufl.). Vahlen.

Hindle, D., Braithwaite, J. & Iedema, R. (2005). Patient Safety Research: a review of the technical literature, Centre for Clinical Governance Research, Sydndey, NSW: University of New South Wales. Online: http://www.med.unsw.edu.au/medweb.nsf/resources/Projects4/$file/cec_patient_safety_30111 pdf

Horst, S. (2012). Risikomanagement im Krankenhaus – Eine postmoderne Perspektive. Katholischen Universität Eichstätt-Ingolstadt.

Hunziker, S. (2021a). *Enterprise Risk Management – Modern Approaches to Balancing Risk and Reward.* Springer Verlag.

Hunziker, S. (2021b). Wie Riskmanagement doch noch Mehrwert schafft. Newsletter 08/2021 Finanz- und Rechnungswesen, WEKA Business Media AG.

Hunziker, S., & Meissner, J. (2017). *Risikomanagement in 10 Schritten.* Springer Verlag.

Institute of Risk Management (IRM). (2018). *A Risk Practitioners Guide to ISO 31000: 2018.* IRM.

Kahla-Witzsch, H., & Platzer, O. (2007). *Risikomanagement in der Pflege.* Verlag W.

Kohn, L., Corrigan, J., & Donaldson, M. (2000). *To Err is Human – Building a safer health system.* Institute of Medicine.

Land, B. (2010). Risikomanagement im Krankenhaus. In A. Klein (Hrsg.). *Risikomanagement und Risiko-Controlling.* Freiburg: Haufe.

Levy, C., Lamarre, E. & Twining, J. (2010). Taking control of organizational risk culture. McKinsey Working Papers on Risk.

Meyer, P. C., & Brauchbar, M. (2018). Trends und Herausforderungen im Gesundheitswesen der Schweiz. *Schweizer Ärztezeitung, 99*(33), 1072–1075.

Nutt, P. C. (2002). *Why decisions fail: Avoiding the blunders and traps that lead to debacles.* Berrett-Koehler Publishers Inc.

Pippig, M. (2005). Risikomanagement im Krankenhaus. Hochschule Wismar, Wismarer Diskussions-papiere, Heft 07/2005.

Romeike, F. (2018). *Risikomanagement.* Wiesbaden: Springer.

Schmola, G. (2016). Grundlagen und Instrumente des Risikomanagements, in: Schmola G, & Rapp, B., Compliance, Governance und Risikomanagement im Krankenhaus. Wiesbaden: Springer Gabler, S. 289–340.

Schweizerische Nationalbank (SNB) (2015). Medienmitteilung: Nationalbank hebt Mindestkurs auf und senkt Zins auf -0,75%. Zürich.

Vazquez, R. (2014). Five steps to a risk-savvy culture. *Risk Management, 61*(9), 10–11.

Verbano, C., & Venturini, K. (2013). Managing Risks in SMEs: A Literature Review and Research Agenda. *Journal of Technology Management & Innovation, 8*(3), 186–197.

Wengert, H., & Schittenhelm, F. (2013). *Corporate Risk Management.* Springer.

Wiedensohler, R. (2000). Fehlerquellen ausschalten, Schaden begrenzen, Risikomanagement: Mehr Sicherheit für Patienten und Krankenhäuser. *Krankenhausumschau,* 69. Jg. 2000. *Heft, 12,* 1165–1167.

2

Risk Governance

> **Was Sie aus diesem Kapitel mitnehmen**
> - Grundlagen der Governance-Anforderungen an ein ERM-System
> - Aufgaben und Verantwortlichkeiten der Leitungsebenen und weiterer Stakeholder
> - Rollenbeschreibungen der am ERM-Prozess Beteiligten
> - Aufbau- und Ablauforganisation der ERM-Funktion
> - Praxisnahe Beispiele und Checklisten für die Umsetzung

Die Risk Governance wendet die Grundsätze der guten Unternehmensführung auf die Identifikation, Bewertung, Steuerung, Kommunikation und Integration von Risiken in die Entscheidungsprozesse an.

2.1 Risikopolitik

Die Risikopolitik formalisiert eine Grundhaltung, welche von den obersten Leitungsebenen entwickelt und verabschiedet wird. Darin sind die Grundpfeiler des ERM-Systems mit seinen elementaren Weichenstellungen enthalten. Alle weiteren Aktivitäten des ERM und der daran beteiligten Personen und Gruppen basieren auf der Risikopolitik bzw. lassen sich auf diese zurückführen.

> **Beispiel**
>
> Eine Risikopolitik legt, auf einer übergeordneten Abstraktionsebene, u. a. folgende Aspekte fest:
>
> - Zusammenhang mit Vision, Mission und Strategie(n) des Krankenhauses und ggf. seiner Kliniken, Hauptabteilungen, Fachbereiche, etc.
> - Ziele und Positionierung des ERM als Bestandteil der Corporate Governance und Bedeutung als strategisches Führungsinstrument
> - Einbindung des ERM-Systems in bestehende Governance-Strukturen, Schnittstellen zu anderen betrieblichen Funktionen
> - Festlegung eines verbindlichen Risikoappetits und dessen Verknüpfung mit dem Zielsystem der Organisation, z. B. finanzwirtschaftlicher Kennzahlen (EBITDAR-Marge, Freier Cashflow oder Spartenertrag) oder Kennzahlen des Kerngeschäfts (Bettenauslastung, Case-Mix-Index, Fallzahlen, etc.)
> - Ziele und Leitplanken für das langfristige risiko- und chancengerechte Entscheiden und Handeln
> - Basis der Aufbau- und Ablauforganisation des ERM mit Festlegung zentraler und dezentraler Verantwortlichkeiten.

Mit der Risikopolitik verabschiedet das Aufsichtsorgan Ziele und Leitplanken für das langfristige risiko- und chancengerechte Entscheiden und Handeln unter Berücksichtigung wichtiger Anspruchsgruppen. Sie gibt vor, in welcher Weise die Organisation ihr ERM plant, umsetzt, überwacht und optimiert.

Insbesondere die Definition eines Risikoappetits erachten viele Unternehmen als herausfordernd. Der Risikoappetit definiert den maximalen Risikowillen zur Erreichung der Geschäftsziele. Der Risikoappetit ergibt sich aus der Unternehmensstrategie bzw. kann diese beeinflussen und macht einen wichtigen Teil der Risikokultur aus. Er drückt aus, wie viele Risiken und in welchem Ausmaß Risiken eingegangen werden, um die Unternehmensziele zu erreichen. Der Risikoappetit kann qualitativ und/oder quantitativ definiert werden.

Der Risikoappetit soll regelmäßig, aber mindestens einmal jährlich überprüft und ggf. angepasst werden. Das nachfolgende Beispiel konkretisiert diese Überlegungen am Beispiel der Insel Gruppe.

> **Beispiel**
>
> Es gelten folgende Regeln für den Risikoappetit in der Insel Gruppe:
>
> - Patienten müssen zu jedem Zeitpunkt sicher sein. Bekannte Restrisiken, die z. B. aus dem Eingriff am Patienten resultieren, müssen jedoch getragen werden. Sie sollen jedoch durch risikoaverses Verhalten minimiert werden.
> - Existenzbedrohende Risiken dürfen zu keinem Zeitpunkt akzeptiert werden. Risiken, welche die Ausübung der Geschäftstätigkeit hindern oder verunmöglichen, müssen minimiert werden.
> - Die finanzielle Leistungsfähigkeit, insbesondere die Liquidität, darf zu keiner Zeit gefährdet werden. Sie wird über entsprechende Kennzahlen kontinuierlich überprüft und durch geeignete Maßnahmen sichergestellt.
> - Die operationelle Leistungsfähigkeit kann Kennzahlen mit maximal akzeptierbarer Abweichung vom Ziel vorsehen. Beispiele sind Sicherheitsziele, Qualitätsziele oder Patientenzufriedenheitsziele.
> - Einzelne Risiken können nach Maßgabe des Risikoappetits bewusst eingegangen werden, wenn damit verbundene Chancen zur Erreichung der strategischen Ziele dies rechtfertigen.

2.2 Risikokultur

Die Risikokultur ist das hierarchieübergreifende, beobachtbare Verhalten einer ganzen Organisation in Bezug auf den Umgang mit Chancen und Risiken. Darauf basiert die Bereitschaft, Risiken zu erkennen, einzugehen und intern zu kommunizieren. Weiter können folgende Faktoren als Voraussetzungen für eine gute Risikokultur genannt werden (Boutellier et al., 2007):

- ein ziel- und lösungsorientiertes Gruppenklima
- eine offene und konstruktive Kommunikationskultur
- ein konstruktiver Umgang mit Konflikten, sodass sachliche Lösungen ermöglicht werden.

Die Risikokultur beeinflusst auch die Wahl der Risikosteuerungsstrategie, z. B. welche Restrisiken akzeptiert werden dürfen, welche Risiken an eine Versicherung transferiert werden sollen, in welchem Umfang Risiken bewusst eingegangen werden.

Dieser Umgang mit Risiken liegt auf einem Spektrum von sehr risikoaggressivem bis sehr risikoaverses Verhalten. Beispiele für risikoaverses Verhalten sind:

- Abwägen von Chancen und Risiken strategischer Optionen. Bei zu großer Unsicherheit wird auf die Option verzichtet, auch wenn damit möglicherweise auf einen Gewinn verzichtet wird.
- Bestimmung von risikomindernden Maßnahmen und Zuteilung von Ressourcen durch die Leitungsebene
- Besonderer Fokus auf die Minimierung von Risiken der Patientenschädigung
- Regelmäßige Überprüfung auf Veränderungen im Risikoprofil der Organisation und zeitnahe Anpassungsreaktionen

Normative Empfehlungen, wie eine Risikokultur günstig beeinflusst werden kann, sind u. a.:

- Förderung einer offenen Diskussion über Risiken und Fehler
- Ermutigung aller Mitarbeitenden seitens der Leitungsebene, Risiken und Chancen im täglichen Handeln zu thematisieren und risikogerechtes Verhalten incentivieren
- Einbezug von Risikoanalysen in die Entscheidungsvorlagen
- Vermeiden negativer Konsequenzen für die Person beim Offenlegen von Risiken
- Appell an die Eigenverantwortung im Erkennen von und Umgang mit Risiken und Chancen

> **Wichtig**
>
> Gerade im Gesundheitswesen und speziell in Krankenhäusern bedeutet ein funktionierendes ERM eine offene Fehler- bzw. Sicherheitskultur zu leben. ERM kann nur erfolgreich sein, wenn die betroffenen Personen diese tragen und unterstützen (Lümmer, 2011). Fehlt das Bewusstsein seitens der Mitarbeitenden für Sinn und Zweck eines ERM, ist die Bereitschaft zur aktiven Teilnahme eher gering. Im Krankenhaus stellt die historisch gewachsene, tendenziell negative Fehlerkultur eine Besonderheit dar (Gaede & Gausmann, 2007).
>
> Grundsätze wie der „Null-Fehler-Ansatz" suggerieren, dass Fehler im Krankenhaus nicht passieren können. Solange Fehler bestraft werden, besteht die Tendenz, diese zu vertuschen. Werden Beinahe-Unfälle („near misses') nicht gemeldet, ergibt sich keine Notwendigkeit für eine Verhaltensänderung. Dieser Handlungsbedarf wird u. a. durch das ERM adressiert, indem es den Fokus auf Transparenz und sanktionslose Offenlegung von Fehlern legt. Dadurch werden Schäden reduziert und die Patientensicherheit gefördert.

Auf Basis einer guten Risikokultur kann ein intensiver Informationsaustausch innerhalb der Organisation, aktives Lernen aus Fehlern oder das laufende Hinterfragen bestehender Vorgänge gefördert werden. Es stellt sich die Frage, welche Massnahmen Organisationen treffen können, um die Risikokultur und das -bewusstsein in den Organisationen zu stärken. Dafür bieten sich Kommunikation, Führung & Strategie und Motivation an (Korte & Romeike, 2011).

Kommunikation
Risikokultur ist kein einmaliges Thema, sondern basiert auf einem prozessbasierten, permanenten Informationsaustausch über alle Abteilungen und Hierarchiestufen hinweg. Dabei wird den Mitarbeitenden immer wieder die Wichtigkeit des ERM, insbesondere die Sensitivität gegenüber Risiken, vermittelt. Gleichzeitig wird betont, dass Risiken mit Unsicherheit behaftet sind und sich trotz moderner Methoden nicht alle Szenarien genau antizipieren lassen.

> **Beispiel**
>
> Die Rehabilitationsklinik Sonnenschein hat kürzlich ein ERM eingeführt, welches das bisherige klinische Risikomanagement um den betriebswirtschaftlichen Fokus ergänzt. Die Klinikleitung ist sich bewusst, dass ein Schlüssel zum effektiven ERM in der Kommunikation liegt. Viele Kommunikationselemente sind bereits vor der Einführung von ERM vorhanden gewesen, so etwa Visiten, Übergabegespräche, Chefarztkonferenzen. Allerdings sind dies alles Einzelaktivitäten und nur wenig auf das ganzheitliche ERM ausgerichtet und koordiniert. Im Rahmen der ERM-Überwachung hat die Klinik festgestellt, dass Kommunikationsmängel aufgrund von Schnittstellenproblemen und Silodenken zu anderen Disziplinen und Bereichen existieren.
>
> Diese „Nahtstellen" sollen in Zukunft optimiert werden, sodass alle Involvierten entsprechend informiert werden. Ein Risikobewusstsein, von anderen Bereichen zu lernen, ist noch zu wenig ausgeprägt. Ebenso wurden die in der Klinik vorherrschenden Hierarchiestrukturen als Grund für eine mangelhafte Kommunikation eruiert. Die starke Arbeitsteilung zwischen Rehabilitation und Verwaltung erschwert eine durchgängige Kommunikation. Die Führung der Rehaklinik hat erkannt, dass Hierarchien nicht vollständig abgebaut werden können. Sie setzt sich dennoch zum Ziel, die starren Hierarchieabgrenzungen und die daraus resultierenden Barrieren etwas abzubauen und Mitarbeitende zu ermuntern, Risiken an entsprechende Stellen zu melden. Allerding funktioniert dies nur, wenn die Führungskräfte eine Vorbildfunktion übernimmt und selbst Fehler und Risiken melden (Lümmer, 2011).

Führung & Strategie

Die Führungskultur ist ein zentrales Handlungsfeld für die Ausgestaltung der Risikokultur. Dabei kommt der Geschäftsführung beim Vorleben einer positiven Risikokultur eine wichtige Funktion zu, was sich im Führungsstil widerspiegelt. Da alle Mitarbeitenden eine Rolle im ERM wahrnehmen, muss das einer positiven Risikokultur entsprechende Handeln in einer Organisation verinnerlicht werden (Hunziker & Meissner, 2017).

Strategische Überlegungen beinhalten immer auch ein Risiko- und Chancenkalkül, welches im Rahmen der Strategiebildung berücksichtigt wird. Damit wird sichergestellt, dass ERM kein separates Thema wird, sondern erkennbar und elementar in die Unternehmensstrategie eingeflochten wird.

Motivation
Das dritte Handlungsfeld zur Entwicklung einer angemessenen Risikokultur betrifft die Motivation der Mitarbeitenden. Es muss das Ziel jeder Organisation sein, ein internes Umfeld zu schaffen, in welchem sinnvolle und pragmatische Entscheidungen getroffen werden können. Wenn dabei ein aktiver Bezug auf Risiken und eben auch Chancengenommen wird, kann die Motivation der Mitarbeitenden erheblich gesteigert werden. Motivierende Aspekte hinsichtlich des Erkennens, Eingehen oder Vermeiden von Risiken werden gefördert, indem Verantwortlichkeiten eindeutig festgelegt, sowie angemessene Ausbildungs- und Trainingsprogramme zur Förderung der Fähigkeiten zu ganzheitlichem, interdisziplinärem Denken und Handeln gestaltet werden (Hunziker et al., 2017).

2.3 Schnittstellen zu anderen Systemen und Funktionen

In Krankenhäusern besteht eine Tendenz, das Fehler- bzw. Sicherheitsmanagement (und teilweise auch das Qualitätsmanagement) mit Risikomanagement gleichzusetzen. Ein klassisches Fehlermanagement hat zum Ziel, aus der Analyse eingetretener Fehler für die Zukunft zu lernen. ERM dagegen adressiert im Wesentlichen die zukunftsgerichtete Analyse möglicher Chancen und Risiken. Ein ERM verhindert nicht primär Fehler und befasst sich nicht nur mit der Qualität der medizinischen Versorgung (Kerngeschäft), sondern ebenso mit betriebswirtschaftlichen Risiken und Chancen (z. B. aus der IT und der Strategie) (Schmola, 2016).

Klinisches Risikomanagement
Das klinische Risikomanagement (kRM) folgt einem ähnlichen, zyklischen Prozess wie auch das ERM und beschäftigt sich mit den Risiken, die sich aus der Behandlung und Pflege von Patienten ergeben. Jedes ERM eines Krankenhauses wäre ohne eine Verknüpfung mit dem klinischen Risikomanagement unvollständig. Als Mindestanforderung einigen sich kRM und ERM auf gleiche Begriffsdefinitionen (Risiko, Maßnahme, Kontrolle, etc.) und stimmen ihre Prozessmodelle aufeinander ab. Vergleichbare

Aktivitäten bei Risikoidentifikation, -bewertung und Genehmigungsprozesse für Maßnahmen können so koordiniert werden, dass Doppelarbeiten vermieden werden. Unklarheiten aufseiten der Anspruchsgruppen der beiden Systeme werden durch geeignete (gemeinsame) Kommunikation frühzeitig ausgeräumt. Die Dauerthemen jedes Krankenhauses liegen im Bereich der „Never Events". Diese Themen des kRM müssen vom ERM aufgenommen werden.

Qualitätsmanagement (QM) bzw. Qualitätsmanagementsystem (QMS)
Ein Ziel des klinischen Qualitätsmanagementsystems (QMS) ist es, die Prozesse einer Organisation zu regeln. Die so entstehenden Vorgaben berücksichtigen die Prozesse einer Organisation auf allen Ebenen und haben unter anderem die gleiche Ausrichtung der Aktivitäten von Organisation und Mitarbeitern zum Ziel.

Das QMS koordiniert und steuert in Zusammenarbeit mit den dezentralen Qualitätsmanagementbeauftragten alle Aktivitäten des Qualitäts- und klinischen Sicherheitsmanagements mit dem Ziel, die sichere und qualitativ hochwertige Patientenbehandlung zu gewährleisten. Der Lean-Hospital-Management Ansatz unterstützt die Patientensicherheit durch Vereinfachung und Standardisierung der Prozesse und führt so zu einer Steigerung der Qualität.

Qualitätsmanagement und ERM verfolgen unterschiedliche Ziele. Während im ERM die ungeplante Zielabweichung sowie Entscheidungen unter Unsicherheit im Vordergrund stehen, zielt das QM auf die Messung, Analyse und laufende Verbesserung relevanter Qualitätsindikatoren und Kennzahlen ab. Trotz dieser Unterschiede kann das QM einen Beitrag zum ERM leisten. Einerseits liefert das QM Hinweise auf Risiken, welche noch nicht durch das ERM erfasst wurden. Damit wird der ERM Prozess der Risikoidentifikation unterstützt. Noch wichtiger jedoch erscheint die Positionierung des QMS als risikosteuernde Maßnahme. Durch die periodischen Qualitätsmessungen und die konsequente Einhaltung eines laufenden Verbesserungsprozesses stellt das QMS einen wesentlichen Baustein der effektiven Risikomitigierung dar. Die kontinuierliche, regelkreisorientierte Ausrichtung des QMS ist punktuellen Einmalmaßnahmen zur Risikosteuerung überlegen.

Compliance Management
Compliance bedeutet die Einhaltung von gesetzlichen Bestimmungen, regulatorischen Standards und internen Regelwerken, und damit die Befolgung aller für das Unternehmen maßgeblichen Rechtsregeln durch die Mitarbeitenden. Damit wird die Minimierung der Compliance-Risiken, d. h. strafrechtlichen oder regulatorischen Sanktionen mit finanziellen Konsequenzen für das Krankenhaus, bezweckt. Compliance-Meldungen geben Hinweise auf mögliche, noch unerkannte Risiken von potenziell großer Tragweite für die Organisationen.

Aus Sicht der Risikobewertung stellen Compliance-Verstöße das Eintreten eines Risikos dar. Daraus lassen sich Erkenntnisse über qualitative und quantitative Auswirkungen des Risikos (u. a. Strafzahlungen, Sanktionen) ziehen. Mit diesen Erkenntnissen wird die Risikobewertung ergänzt und ermöglicht somit präzisere Aussagen im Rahmen der Gesamtrisikobewertung. Das ERM erhält Informationen des CMS, welche die Risikoidentifikation unterstützen bzw. ergänzen.

Informationssicherheit
Digitalisierte Krankenhausprozesse haben besonders hohe Anforderungen an Informationssicherheit und Datenschutz. Die Organisation nominiert speziell ausgebildetes Fachpersonal zur Steuerung und Überwachung dieser Themen. Größere Krankenhäuser, Zentren oder Krankenhausgruppen implementieren ein eigenes Information Security Management System (ISMS bzw. ISO Normen 2700x), um den komplexen Anforderungen zu begegnen. Das ISMS beinhaltet Prozesse und Regeln, um die Informationssicherheit dauerhaft zu definieren, zu steuern, zu kontrollieren, aufrechtzuerhalten und laufend zu verbessern. Das ISMS ist jener Teil des ERM, der die Vertraulichkeit, Integrität und Verfügbarkeit von Informationen, Geschäftsprozessen, Anwendungen und ICT-Systemen gewährleistet. Das ERM steht mit der Informationssicherheit in enger Austauschbeziehung. Es ist zu erwarten, dass wesentliche Unternehmensrisiken auf dem ERM-Risikoinventar direkt aus dem Bereich Informationssicherheit stammen oder von diesem abhängig sind. Dies betrifft u. a. alle Prozesse, in denen besonders schützenswerte Patientendaten verarbeitet und übermittelt werden.

Versicherungs- und Schadensmanagement
Das Abschließen einer Versicherung bedeutet den Transfer eines bestimmten Schadenpotentials an Dritte. Unter diesem Aspekt muss das ERM Art und Umfang des Risikotransfers verstehen und welche Risiken davon abgedeckt sind und wo mögliche Deckungslücken bestehen.

Eine Besonderheit ergibt sich für das Risiko der Patientenschädigung, die z. B. durch fehlerhafte Blutprodukte, Medikationsfehler oder Behandlungsfehler eintreten kann. Folgewirkungen wie Reputationsschäden und langwierige Rechtsstreitigkeiten mit ungewissem Ausgang sind zu erwarten. In solchen Fällen stellt der Abschluss einer Haftpflichtversicherung eine wirksame Risikosteuerungs-Strategie dar. Folglich ließe sich argumentieren, bei reiner Betrachtung der pekuniären Wirkung, die Patientenschädigung könne nicht als bestandesgefährdendes Risiko eingestuft werden. Das Risiko würde auf der Liste der unternehmensrelevanten Schlüsselrisiken gar nicht mehr auftauchen. Aufgrund der ethischen Aspekte und der unmittelbaren Nähe zum Kerngeschäft ist es jedoch sinnvoll, das Risiko der Patientenschädigung in das ERM-Risikoinventar als dauerhaftes Risiko aufzunehmen.

Interne Revision
Die Empfehlungen der Internen Revision können direkt als risikosteuernde Maßnahmen durch die ERM-Funktion aufgenommen werden. Deren Umsetzung wiederum kann sowohl durch die Interne Revision im Rahmen von ‚Follow-Up-Audits' erfolgen als auch im Rahmen der Maßnahmen-Verfolgung durch die ERM-Funktion. Um die Organisation nicht zu überfordern, koordinieren Interne Revision und ERM ihre Aktivitäten und vermeiden Doppelarbeiten. Aus den genannten Aspekten heraus ist eine regelmäßige Abstimmung zwischen Interner Revision und ERM-Funktion zweckmäßig, wobei die unterschiedlichen Berichtslinien in der Organisationshierarchie berücksichtigt werden müssen. Die Interne Revision ist eine unabhängige Funktion und betont als solche ihre Autonomie in Planung und Durchführung der Prüfungsprojekte.

Critical Incident Reporting System (CIRS)
Zwecks kontinuierlicher Verbesserung patientenzentrierter Abläufe und Vorkehrungen dient das CIRS als Plattform, um kritische Vorfälle und Beinahe-Unfälle dokumentier- und auswertbar zu machen. Die ERM-Funktion nutzt die CIRS-Informationen, um mögliche Risiken im Klinikbetrieb zu identifizieren.

Krisenstab
Der Krisenstab ist die Organisation, welche bei Katastrophen oder eingetretenen, gravierenden Risikoereignissen die Rückführung zur Normalität sicherstellt. Damit unterscheidet sich der Krisenstab vom ERM, welches sich mit Möglichkeiten und Unsicherheiten, aber auch mit Chancen und Opportunitäten beschäftigt. ERM und Krisenstab unterstützen sich gegenseitig und fördern eine auf die Organisation bezogene, breite Abdeckung der Bedrohungsszenarien. Zwischen ERM und Krisenstab wird üblicherweise das *Kontinuitätsmanagement* (,Continuity Management') in seinen Ausprägungen ,Business Continuity' und ,IT-Continuity' verortet.

ERM und Krisenstab stehen bezüglich der behandelten Themen im Austausch. Im Vordergrund steht ein Abgleich, ob und wie die Szenarien der unternehmensrelevanten Risiken durch den Krisenstab abgedeckt werden. Der Krisenstab profitiert von der Vorarbeit des ERM, insbesondere die dort modellierten Szenarien eines möglichen Risikoeintritts sind bedeutende Inputs in die Arbeit des Krisenstabs. Zusätzlich geben sich Krisenstab und ERM gegenseitig Hinweise, welche Risikoereignisse noch nicht durch den Krisenstab abgedeckt werden (können) und umgekehrt, wo ggf. mögliche Krisenszenarien noch nicht im ERM Risikoinventar enthalten sind. Derartige Lücken im Schutzdispositiv der Institution können sich als ,blinde Flecken' in der jeweiligen Perspektive ergeben. Die Koordination der beiden Bereiche trägt zur Schließung solcher Lücken bei.

2.4 Funktionen und Verantwortlichkeiten am Beispiel der Insel Gruppe

Im ERM haben verschiedene Gremien und Personen Aufgaben zu erfüllen, auf welche untenstehend eingegangen wird. Die aufgrund gesetzlicher Vorschriften nicht delegierbare Gesamtverantwortung für das ERM der Insel Gruppe liegt beim Verwaltungsrat. Der für Audit-, Risiko- und Finanzthemen gebildete Unterausschuss berät die entsprechenden Geschäfte und Ergebnisse der ERM-Funktion. Auf einer mehr operativ ausgerichteten Ebene ist es die Direktion (Geschäftsleitung bzw. die Erweiterte Geschäftsleitung), welche über das Risikomanagement-Komitee die Steuerung und Überwachung der wesentlichen Schlüsselrisiken verantwortet.

Das ERM-Tagesgeschäft bzw. die Gesamtverantwortung für die Durchführung des ERM-Prozesses liegt beim Risikomanager. Auf dessen Stufe finden die operativen Aktivitäten wie Risikoidentifikation und -bewertung, Gesamtrisikoaggregation und Szenarioanalyse, sowie Reporting, statt.

Der Risikomanager ist eine Funktion ohne direkte Führungsaufgabe. Der gesamte ERM-Prozess der Insel Gruppe wird mit Unterstützung eines dezentralen, virtuellen Teams' sogenannter Risikofachpersonen durchgeführt. Diese Personengruppe wird vom Risikomanager fachlich angeleitet und methodisch bei allen Schritten des Prozesses unterstützt, umgekehrt liefern die Risikofachpersonen die Themen, Inhalte, Einschätzung und Bewertung der Risiken und Chancen. Risikofachexperten entstammen allen Direktionen und Medizinbereichen und sind dort i. d. R. im Leitungsteam der Einheit angestellt. Damit wird sichergestellt, dass reale und relevante Schlüsselrisiken auf der richtigen ‚ERM-Flughöhe' und im gruppenrelevanten Kontext in das ERM aufgenommen werden.

Um ein einfaches ERM-System nach Maßgabe der damit skizzierten Aufbauorganisation umzusetzen, wird, sozusagen als minimale

Stellenbeschreibung, die folgende Regelung der Aufgaben und Verantwortlichkeiten empfohlen:

- Risikomanagement-Komitee
  - Definition des Risikoappetits und Entwicklung der Risikopolitik (als Vorschlag an den Verwaltungsrat).
  - Definition einzelner Risikolimiten.
  - Genehmigung der Risk Governance mit Rollen, Aufgaben und Verantwortlichkeiten.
  - Vorschläge zur Entwicklung zweckmäßiger Risikosteuerungsmaßnahmen.
  - Situative Berücksichtigung spezifischer Risikofachexperten im Risikomanagement-Komitee zu Spezialthemen (z. B. Pandemie oder Cyberrisiken).
- Risikomanager
  - Leitung der gruppenweiten Implementierung des ERM-Systems und Entwicklung der Risk Governance.
  - Überwachung und Verbesserung des ERM-Systems und der -Prozesse.
  - Durchführung des ERM-Prozesses in allen relevanten Einheiten und Bereichen der Insel Gruppe gemäß dem Führungskalender.
  - Jährlicher Bericht über den ERM-Prozess und die aktuellen Risiken an die Direktion und den Audit-, Risk- und Finanzausschuss des Verwaltungsrats.
  - Entwicklung der nötigen Instrumente für eine effiziente Durchführung des Prozesses.
  - Festlegung einheitlicher Bewertungsmaßstäbe und Auswirkungsklassen.
  - Vorschläge zur Abstimmung mit den jeweiligen Risikoeignern oder Risikofachexperten an die Fachbereiche für Methoden zur Risikoidentifikation und Risikobeurteilung.
  - Überwachung der Umsetzung der von der Direktion oder Verwaltungsrat beschlossenen risikobegegnenden Aktions- und Maßnahmenpläne.
  - Vergleiche des Ist-Risikoumfangs mit dem Risikoappetit.

- Unterstützung und Beratung der Risikoeigner und Risikofachexperten in fachlicher Hinsicht.
- Förderung der ERM-Kompetenz und Risikokultur in der Insel Gruppe mittels Risikoworkshops und Schulungen.
- Risikoeigner und Risikofachpersonen
  - Risikoeigner sind Schlüsselpersonen bei der Koordination eines spezifischen Risikos und liefern entsprechende Informationen. Sie haben die übergeordnete Verantwortung für das Risiko und dessen Mitigierungsstrategie.
  - Risikofachexperten selbst sind nicht verantwortlich für das Risiko, tragen aber Risikodokumentation, -bewertung und Kontextinformationen bei und besitzen das notwendige Expertenwissen.
  - Risikoeigner und Risikofachexperten können als Gäste im Risikomanagement-Komitee oder Direktionssitzungen eingeladen werden, wenn es um spezielle Schlüsselrisiken geht und sie Expertenwissen einbringen.

2.5 Stakeholder Management am Beispiel der Insel Gruppe

Das Stakeholder Management ist eine entscheidende Komponente für die erfolgreiche Durchführung der ERM-Implementierung. Es pflegt Beziehungen zu Stakeholdern durch ein angemessenes Erkennen ihrer Erwartungen und Einflussmöglichkeiten und bindet sie in die Aktivitäten ein – in Abhängigkeit ihrer jeweiligen Ansprüche.

Für den Risikomanager ist es wichtig, interne Stakeholder während des gesamten ERM-Prozesses frühzeitig einzubeziehen, damit sie ERM verstehen, akzeptieren und bereit sind, Fachwissen bereitzustellen und den ERM-Prozess aktiv zu unterstützen. Nach erfolgreicher Überzeugung interner Stakeholder lassen sich externe Stakeholder leichter gewinnen. Zu den externen Interessengruppen gehören zum Beispiel Patienten, Vertreter der Politik, Versicherungen, Lieferanten, Steuerzahler und andere.

Das ERM betrifft grundsätzlich alle Bereiche, ausgehend von der übergeordneten Unternehmensstrategie bis zur Ausübung des Kerngeschäfts (klinische Prozesse) und allen finanziellen/administrativen Prozessen. ERM-Stakeholder können Einzelpersonen oder Gruppen sein, die Interessen am ERM haben, zur Gestaltung und erfolgreichen Umsetzung des ERM beitragen und letztendlich Empfänger von ERM-Dienstleistungen sind. ERM-Stakeholder können wie folgt identifiziert werden:

- Verwaltungsrat: Er hat den Auftrag, das Unternehmen strategisch erfolgreich zu führen und grundsätzlich den langfristigen Wert zu wahren bzw. zu steigern. Er ist verantwortlich für die Festlegung oder Genehmigung des Risikoappetits.
- Direktion: ERM unterstützt die Direktionsmitglieder, die wesentlichen Risiken ihrer Bereiche besser zu bewirtschaften und damit die Entscheidungsqualität hinsichtlich eines transparenten, realistischen Risiko-Chancen-Verhältnisses zu verbessern.
- Interne Revision: Die interne Revision fungiert als unabhängige Instanz für die Überwachung des ERM. Sie kann Hinweise zur Verbesserung des ERM-Prozesses geben und bietet Beratungsleistungen zur Effektivitätssteigerung von ERM an. Die interne Revision unterstützt den Risikomanager mit Informationen zum ERM, z. B. in der Risikoidentifikation. Im Gegenzug versorgt der Risikomanager die Interne Revision mit relevanten Informationen (z. B. zu identifizierten Risiken aus der qualitativen Beurteilung).
- Leiter Land- und Stadtspitäler: Sie nehmen die Risiken innerhalb des Risikoappetits wahr. Sie unterstützen bei der Festlegung von Risikoappetit und Risikolimiten, falls sie Mitglieder im Risikomanagement-Komitee sind.

2.5.1 Ausgangslage

Aus bisherigen Erkenntnissen zum Stakeholder Management in ERM-Projekten kann von diesen Merkmalen ausgegangen werden:

- Verwaltungsräte und Direktoren haben häufig ein Informationsdefizit hinsichtlich der Risiken ihrer Entscheidungen. Dies hat Einfluss auf die Priorisierung der Risikoidentifikation und -bewertung, die Behandlung der Risikopolitik in VR-Workshops sowie die aktive Kommunikation der Relevanz von ERM.
- Die Erfolgsmessung bzw. der Erfolgsnachweis des ERM (Nutzenbeitrag) wird in der Regel von allen Stakeholdern als größte Herausforderung des Risikomanagers gesehen. Neben der Erfüllung der regulatorischen Erfordernisse sehen viele interne Stakeholder keinen Wertbeitrag von ERM. Im schlechteren Fall wird der Risikomanager für risikobedingte Verluste verantwortlich gemacht, nicht aber für Gewinne durch angemessenen Umgang mit Risiken.
- Grundsätzlich kann das Stakeholder-Engagement durch eine effektive Kommunikationsstrategie sowie den Aufbau vertrauenswürdiger Beziehungen zwischen Risikomanager und internen Stakeholdern signifikant erhöht werden.
- ERM bedingt ein gewisses Maß an Kreativität und Vorstellungskraft bez. unwahrscheinlicher, extremer Risikoszenarien. Interne Stakeholder müssen darin geschult werden, solche Szenarien zu entwickeln, mit denen sie persönlich noch nie direkt Erfahrung gemacht haben.
- Interne Stakeholder verstehen oft komplexere, stochastische ERM-Methoden nicht gänzlich und dementsprechend ist die Akzeptanz relativ gering.

2.5.2 Analyse der Stakeholder

Zur Analyse der Stakeholder existieren sogenannte Mapping-Methoden, die anhand unterschiedlicher Kriterien die Interessen, den Einfluss und das Verhalten von ERM-Stakeholdern bewerten und Normstrategien ableiten.

Tab. 2.1 Beurteilung von Stakeholdern

Stakeholder	Interessen (Zielstatus) (1–5)	Einfluss (aktueller Status) (1–5)	Verhalten (aktueller Status) (1–5)
Verwaltungsrat			
Direktion			
…			

Tab. 2.1 präsentiert einen Vorschlag, wie die oben genannten Stakeholder beurteilt werden können.

Jeder Stakeholder wird bezüglich Interessenslage am ERM, Einfluss im ERM-Prozess sowie Verhalten gegenüber dem ERM-Projekt beurteilt. Z. B. hat der Verwaltungsrat ein hohes Interesse am ERM, da er von den ERM-Aktivitäten stark betroffen sein wird. Gleichzeitig kann ihm hoher Einfluss unterstellt werden, da er den ERM-Prozess sowie die Zielvorstellungen zum ERM (via Risikopolitik) bedeutend ändern kann. Das dritte Beurteilungskriterium «Verhalten» zielt auf die grundsätzliche Einstellung bez. ERM-Projekt ab. Diese hängt von den jeweiligen Erfahrungen, Interessen und Sorgen rund um ERM ab.

Basierend auf der Beurteilung der Stakeholder in Tab. 2.1 können vier verschiedene Kategorien abgeleitet werden: Schlüssel-Stakeholder, Verteidiger, Latente Stakeholder und Beitragende:

- Schlüssel-Stakeholder weisen hohes Interesse und hohen Einfluss auf. Sie benötigen ein uneingeschränktes und umfassendes Stakeholder-Management für den Erfolg des ERM-Projektes.
- Verteidiger stellen nützliche Informationen für den ERM-Prozess bereit und stärken die Position des Risikomanagers.
- Latente Stakeholder werden angemessen informiert, häufig in reduzierten Umfang und Detaillierungsgrad.
- Beitragende sind am wenigsten von der ERM-Implementierung betroffen, müssen aber ebenfalls gut informiert werden, um etwaige überraschende Reaktionen zu vermeiden.

Verschiedene Strategien zur Einbeziehung der Stakeholder werden pro Kategorie empfohlen, wie in Abb. 2.1 am Beispiel der Insel Gruppe

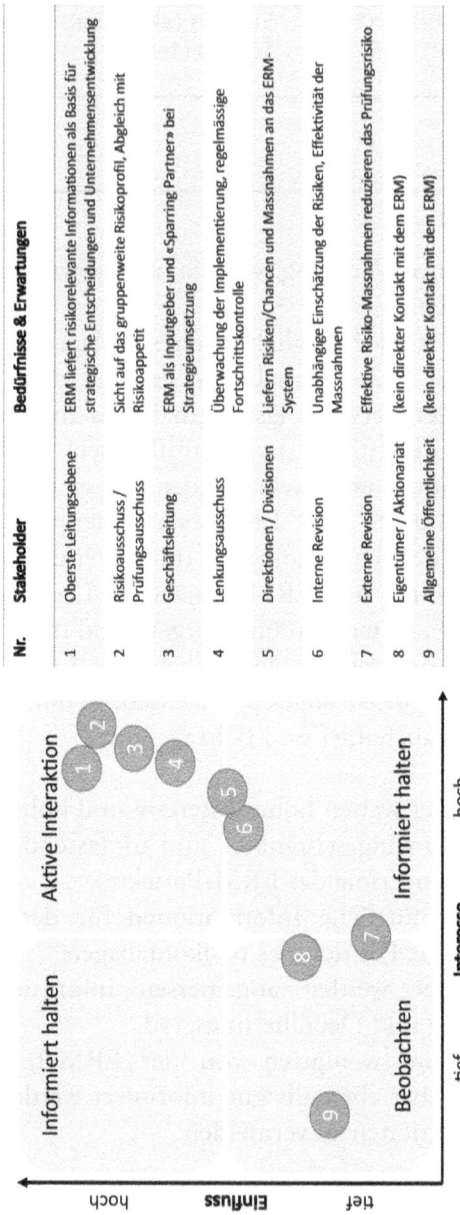

Abb. 2.1 Stakeholder-Analyse am Beispiel der Insel Gruppe

dargestellt. Die Strategien sind jedoch nicht als exklusiv für eine bestimmte Kategorie zu verstehen und können bei Bedarf auch übergreifend angewendet werden.

2.5.3 Kommunikation

Effektive Kommunikation ist ein zentraler Erfolgsfaktor bei den Bemühungen um die Einbeziehung der Stakeholder. Gemeinsame Strategien für eine effektive Kommunikation wie das Kennenlernen des Publikums, Zuhören, Einfühlungsvermögen, Aufrichtigkeit und Aufgeschlossenheit gelten auch für die Kommunikation mit den Interessengruppen des ERM.

Zentrale Aspekte erfolgreicher ERM-Kommunikation sind u. a.:

- „Ton an der Spitze": Die Risikopolitik und insbesondere die Risikoappetit-Statements sollen von der Unternehmensleitung aktiv intern kommuniziert werden.
- Es sollen diverse Kommunikationskanäle verwendet werden, z. B. via Intranet, E-Mail und Meetings. ERM sollte ein regelmäßiger Teilaspekt der internen Kommunikation werden.
- Durch Schulungsangebote für die Stakeholder kann über das ERM und dessen Neupositionierung informiert werden.
- Frühzeitige Kommunikation) ist wichtig, um Missverständnissen seitens Stakeholder vorzubeugen und die Glaubwürdigkeit von ERM zu erhöhen. Dabei ist es hilfreich, konkrete Learnings und Beispiele aus dem Unternehmen zu platzieren, damit ERM als kein abstraktes, theoretisches Konstrukt verstanden wird. Es soll auf technischen ERM-Jargon verzichtet werden.
- Es muss deutlich kommuniziert werden (insbesondere an die Risikoeigner), dass ERM eine Dienstleistung ist (und kein ressourcenbindendes Instrument, das die Linie belastet), das hilft, Entscheidungen zu verbessern und Risiken ganzheitlich abzuschätzen.

Ein Hindernis für die effektive ERM-Kommunikation ist grundsätzlich die Komplexität und Abstraktheit von ERM. So ist es wenig sinnvoll, technische Fachbegriffe des ERM übermäßig in der Kommunikation zu verwenden. Der ERM-Jargon sollte in die Sprachwelt der Stakeholder ‚übersetzt' werden.

2.5.4 Schulung

Abhängig vom Grad ihres Einbezugs und den Erfahrungen im ERM sind nicht alle Stakeholder gleich versiert mit den Zielen, dem Prozess und der Auswirkung von ERM in der Organisation. Es kann jedoch davon ausgegangen werden, dass eine grundsätzliche Einigkeit über gewisse Schwächen des «alten» Risikomanagement-Systems herrscht. Dies macht es einfacher, einen «Business Case» für ein modernes ERM zu kommunizieren. Allerdings lohnt sich die Durchführung einer Gap-Analyse, wie sich das Vorwissen bzw. die Erfahrungen der einzelnen Stakeholder des ERM präsentiert. Darauf basierend kann das Schulungsangebot optimiert werden (siehe auch Abschnitt «Kommunikation»).

Wichtig zu betonen ist auch, dass nicht alle Stakeholder dasselbe Know-how über ERM benötigen. Nachfolgend wird ein Vorschlag präsentiert, welche Stakeholder primär mit welchen Schulungsinhalten bedient werden sollten. Der aktuelle Wissensstand kann anhand z. B. einer 3-er Skala (1 = keine Kenntnisse; 2 = ungenügende Kenntnisse; 3 = genügend Kenntnisse). Bei allen Beurteilungen mit einer 1 oder 2 sind Wissens-Lücken vorhanden, die mit entsprechender Schulung und Kommunikation geschlossen werden sollten.

2.6 Organisation der ERM-Funktion

Nachdem die einzelnen Stakeholdergruppen und deren Bedürfnisse im Rahmen einer Stakeholder-Analyse ermittelt wurden, stellt sich die Frage nach eine zweckmäßigen Aufbau- und Ablauforganisation der ERM-Funktion sowie deren Einordnung in das Organigramm der Institution.

2.6.1 Aufbauorganisation

Bezüglich Aufbauorganisation gibt es nicht die einzig beste Lösung, vielmehr bieten sich Gestaltungsmöglichkeiten an, die ERM-Funktion auf die etablierten Strukturen der Institution zuzuschneiden. Das Beispiel der Insel Gruppe (vgl. Abb. 2.2) zeigt eine einfach gestaltete Aufbauorganisation der ERM-Funktion.

Weiter oben wurde ausgeführt, dass die ERM-Funktion auf die wesentlichen Schlüsselrisiken fokussiert ist. Solche Schlüsselrisiken besitzen übergreifende Aspekte, die sich üblicherweise nicht an einer einzelnen Funktion, Abteilung oder Station festmachen lassen.

Diese Charakterisierung legt zwei Gestaltungsaspekte nahe:

1. Die ERM-Funktion ist nah der Leitungsebene verankert, um auf dieser Ebene die Schlüsselrisiken ‚auf Augenhöhe' behandeln zu

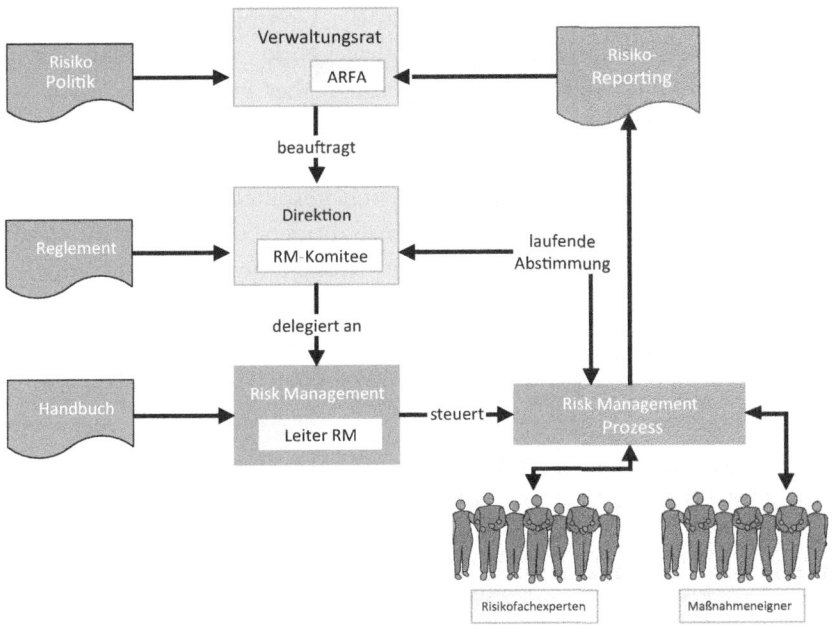

Abb. 2.2 ERM-Aufbauorganisation

können. Das fördert die Einhaltung einer strategischen Perspektive bei der Behandlung von Risiken und Chancen.
2. Es wird keine große Zahl an Ressourcen im Sinne von Mitarbeitenden für die laufende Durchführung des ERM benötigt. Als Stab der Leitungsebene kann die ERM-Funktion auf alle Bereiche der Institution zugreifen und von dort die benötigten Informationen einholen und in einem konsistenten ERM-Prozess (Abschn. 2.6.1) nutzbar machen.

Weiterhin ist eine gute Vernetzung innerhalb der Institution notwendig, damit der Informationsfluss sichergestellt werden kann. Die Informationsflüsse in die ERM-Funktion und zurück in die Institution, sowie in Richtung zu den Stakeholdergruppen sollten skizziert werden. Es ergibt sich ein drittes Gestaltungskriterium:

3. Alle relevanten Bereiche der Institution werden mit der ERM-Funktion verknüpft. Bereiche, welche sich schon grundsätzlich mit Risiken auseinandersetzen, z. B. Compliance, Meldestellen für CIRS-Meldungen und schwerwiegende medizinische Ereignisse, Medikationsfehler, Strahlenschutz, aber auch Funktionen wie Informationssicherheit und Datenschutz, sollten bei der Gestaltung der Beziehungen zur ERM-Funktion berücksichtigt werden. Die Verknüpfung kann rein informatorisch gestaltet werden, bspw. mit regelmäßig stattfindenden Austauschsitzungen, oder mehr integrativ, bspw. durch gemeinsam genutzte Informationssysteme, angelegt werden. Unbedingt sind die Themen des Kerngeschäfts (Behandlung und Pflege, Hygiene, Therapie und Rehabilitation) mit der ERM-Funktion zu verknüpfen.

> **Zentrales Expertenteam oder dezentrale Mitwirkung durch Risikofachpersonen?**
>
> Die ERM-Funktion lebt von den risikorelevanten Informationen aus allen Teilen der Organisation. Erst durch die multidisziplinären Beiträge aus den unterschiedlichsten Einheiten entfaltet sich das Potenzial des ERM als Führungsinstrument mit ganzheitlicher Sichtweise.

Gleichzeitig jedoch ist die ERM-Leitung i. d. R. keine Fachperson auf allen diesen Gebieten. Die Insel Gruppe hat sich aus diesem Grund für einen Ansatz entschieden, der die inhaltlichen Aspekte der Risiken, Chancen und Maßnahmen dezentral, durch intensive Einbindung von Risikofachpersonen aus allen Teilen der Organisation, herausstreicht. Dazu nominiert jede Hauptabteilung (alternativ: Direktion, Klinik, Standort) eine Risikofachperson, welche am ERM-Prozess teilnimmt und darin die fachspezifischen Risikothemen der Einheit einbringt. Die Rolle der Risikofachperson ist im Rahmen einer Stellenbeschreibung klar festgelegt, u. a. ist darin die Teilnahme an allen Schritten des ERM-Prozesses enthalten, sowie die damit verbundenen Aufgaben.

Die personell mit nur einer Person besetzte ERM-Leitung erfüllt in diesem Ansatz die Aufgaben der Moderation, Entwicklung und Vermittlung der Methodik sowie die Gesamtkoordination und -steuerung. Dieser dezentrale Ansatz unterstreicht die enge Verankerung mit den realen Risiken der eigenen betrieblichen Realität und damit die organisationsspezifische Relevanz der Risiken, erfordert aber umgekehrt einen vergleichsweise hohen, laufenden Abstimmungsbedarf mit den dezentralen Risikofachpersonen.

Vor- und Nachteile eines dezentralen Ansatzes (gilt umgekehrt für die Zentralisierung der ERM-Leitung):

- (+) direkter Bezug zur eigenen Organisation
- (+) hohe fachliche Expertise findet Eingang in das ERM-System
- (+) hoher Identifikationswert bei Risikoeignern, weil konkrete Themen vom ERM aufgegriffen werden
- (+) Bereicherung des Arbeitsfelds der Risikofachpersonen
- (-) hoher, laufender Abstimmungsaufwand zwischen ERM-Leitung und dezentralen Risikofachpersonen
- (-) Risiken anderer Organisationen, die auch relevant sein könnten, bleiben im Hintergrund
- (-) Risikofachpersonen sind zu sehr spezialisiert und fokussieren mehr auf operative Risiken

2.6.2 ERM-Prozess

Ein definierter ERM-Prozess stellt eine wichtige Basis des ERM dar. Mit der Dokumentation des Prozesses erst wird ersichtlich, welche Aktivitäten in welcher Reihenfolge ablaufen und was die Ergebnisse jeweils sind. Damit wird der Ablauf kommunizierbar und vermittelt den Stakeholdern, wie das ERM zu seinen Erkenntnissen als entscheidungsrelevantes Führungsinstrument gelangt (Abb. 2.3).

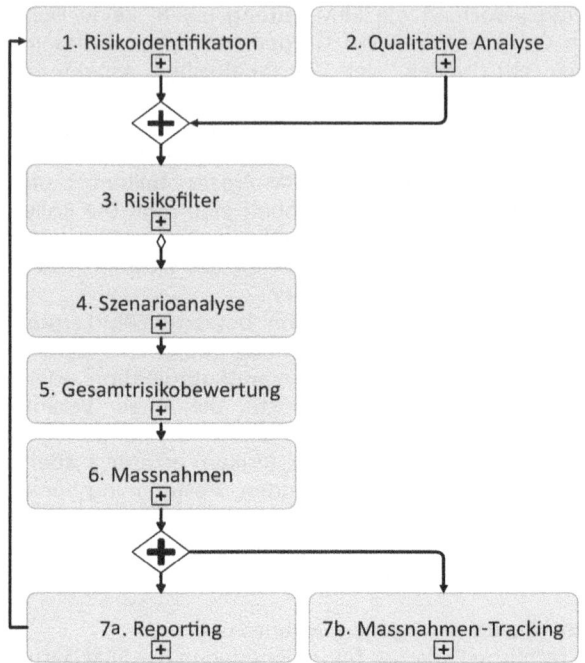

Abb. 2.3 ERM-Prozess

Während die grundsätzlichen Aktivitäten weitgehend aus Rahmenwerken wie COSO-ERM oder einschlägigen Normen übernommen werden können, stellen sich Design- und Detailfragen bezüglich der folgenden Aspekte (nicht abschließend):

- Festlegung der Frequenz, wie häufig der ERM-Prozess durchlaufen werden soll (z. B. jährlich, halbjährlich).
- Festlegung der Meilensteine des ERM (z. B. Gesamtbericht an die Leitungsebene, Auswahl der bestandesgefährdenden Schlüsselrisiken, evtl. Verabschiedung risikosteuernder Maßnahmen).
- Verantwortlichkeiten der jeweils beteiligten Stakeholder (z. B. Mitwirkung, reine Information, Stop/Go-Entscheidungen, Mittelfreigabe für Maßnahmen).

- Adressatenkreis der ERM-Informationen (z. B. breite Verteilung, enger Adressatenkreis, evtl. Auszüge nur an ausgewählte Stakeholder, abgestufte Leseberechtigung).
- Layout und Design der Berichterstattung; Auswahl aus ‚papierbasiertem Reporting', ‚Realtime Dashboard', Kombinationen daraus, wiederum orientiert an den Bedürfnissen der Stakeholder).
- Festlegen des Zentralisierungsgrades der ERM-Leitung (z. B. zentrales ERM mit [kleinem] Expertenteam, dezentrale Risiko-Fachexpertise in der Linie, Mischformen) und damit einhergehend die Bestimmung, wer abschließend über Risiken und Chancen entscheidet.
- etc.

Die entsprechende Feingestaltung der einzelnen Prozessschritte lässt sich oftmals nicht vollständig ex-ante festlegen. Gerade bei der Erstimplementierung des ERM-Systems sind Erwartungen, Ansprüche und Abhängigkeiten noch nicht klar. Das bedeutet, die oben genannten Punkte sind variabel und werden erst dynamisch, während der Prozesslaufzeit, ausspezifiziert.

2.7 Tipps und Gestaltungsempfehlungen

Lenkungsausschuss
Unabhängig davon, ob das ERM neu implementiert, oder ein bestehendes ERM-System erweitert und ausgestaltet werden soll, ist ein übergeordneter Lenkungsausschuss (LA) empfehlenswert. Der LA erfüllt primär zwei Funktionen:

- Er nimmt die laufende Aktivität des ERM zur Kenntnis und überwacht den Fortschritt der Zielerreichung. Die Leitung des ERM nutzt ein Berichtsformat, worin knapp und präzis über aktuelle und geplante Aktivitäten sowie Barrieren und Risiken der ERM-Funktion berichtet wird.

- Er gibt der ERM-Leitung zeitnahe Rückmeldung in Form von Entscheidungen zum weiteren Projektverlauf, sowie Hinweise und Coaching bei ‚weicheren' Themen. Erfahrene LA-Mitglieder bringen ihre Expertise ein und ermöglichen so die Einbettung des ERM als strategieunterstützende Funktion.

Der LA besteht aus Mitgliedern der Institutsleitung, wobei das Kerngeschäft unbedingt vertreten sein sollte. Damit wird unterstrichen, dass ERM nicht nur eine Aufgabe der Leitungsebene oder der Finanzabteilung ist, sondern auch fest im Kerngeschäft verankert ist.

Die Anzahl der Mitglieder des LA richtet sich nach der Aufbauorganisation der Institution, das Organigramm ist ein praktisches Hilfsmittel, um die im LA zu vertretenden Bereichen zu identifizieren. Als Daumenregel wird empfohlen, nicht mehr als sieben Personen in den LA zu berufen, weil sonst die Effizienz der Entscheidungsprozesse beeinträchtigt wird. Für die Projektleitung der ERM Implementierung bzw. die leitende ERM-Funktion ist ein entscheidungskräftiger LA von Vorteil.

Kommunikation und Nutzenaspekte
Falls aufgrund der Besetzung des LA nicht alle Unternehmenseinheiten vertreten sind, ermöglicht ein zweckmäßiges Kommunikationskonzept, dass auch die nicht-repräsentierten Bereiche über den Fortschritt informiert werden. Knapper formuliert: Der LA wird klein und schlagkräftig gehalten, gleichzeitig werden die Informationsbedürfnisse Aller befriedigt. Auf der Ebene der Institutsleitung und darunterliegender Managementstufen wird es zunehmend anspruchsvoller, den Wertbeitrag der ERM-Funktion zu vermitteln. Man ist auf diesen Stufen mehr an eher operativ ausgerichteten Hinweisen zur Gefahrenabwehr interessiert ERM wird als ‚Tool' der Compliance-Abteilung angesehen, Zielsetzungen von mehr strategischer Perspektive liegen nicht unbedingt im Fokus operativer Einheiten.

Eine Dokumentation der Nutzenaspekte und ERM-Grundlagen ergänzt das Toolkit der ERM-Leitung und ist deren ständiger Begleiter.

Bei Erstimplementierung, als auch bei der Weiterentwicklung eines bestehenden ERM-Systems, wird diese Dokumentation laufend ergänzt und aktualisiert. Damit entsteht eine Chronologie der ERM-Funktion, welche z. B. auch neuen Mitarbeitenden abgegeben werden kann oder als Schulungsunterlage dient.

Ziele und Zielerreichung
Damit die ERM-Funktion ihre Aufgaben wahrnehmen kann, werden die Ziele bzw. die Projektziele frühzeitig festgelegt. Für jedes Projektziel werden Messkriterien und zu liefernde Ergebnisse bestimmt. Erst das Vorliegen der vereinbarten Ergebnisse erlaubt es, die Zielerreichung zu einem späteren Zeitpunkt festzustellen. Die Einbettung der ERM-Funktion in die Linienorganisation legt die hierarchische Unter- und Überstellung fest. Aufgrund gesetzlicher Anforderungen in Deutschland und in der Schweiz sind direkte Berichtslinien an die Leitungsorgane der Organisation (Aufsichtsrat/Verwaltungsrat, Chief Medical Officer, Direktionspräsident bzw. CEO) erforderlich oder sogar vorgeschrieben.

2.8 Stolpersteine

Mangelnde Integration
Die erfolgreiche Umsetzung des ERM-Konzepts hängt davon ab, wie gut verstanden und akzeptiert die ERM-Funktion in der Organisation ist. Wenn ERM als separate, isolierte Funktion angesehen wird, die nichts oder nur wenig mit der eigenen Organisationseinheit zu tun hat, kann nur wenig Bereitschaft zur echten Integration und Zusammenarbeit entstehen. ERM, missverstanden als ‚unverbundener Satellit' wird einer solchen Situation als reine Compliance-Aufgabe, ein notwendiges Übel oder sogar als Störenfried angesehen. In Konsequenz werden Risiken nur oberflächlich diskutiert und das strategisch-relevante Potenzial einer methodischen Risikobewirtschaftung gar nicht erst berührt.

Unzureichende Kommunikation
Das oben erwähnte *Kommunikationskonzept* mit seiner Grundlagenpräsentation trägt dazu bei, einen solchen Zustand gar nicht erst entstehen zu lassen. Weiterhin ist es von zentraler Bedeutung, bestehende Funktionen, die sich mit Risiken auseinandersetzen, in geeigneter Weise einzubinden. In einem Krankenhaus sind es zunächst das klinische Risikomanagement, das Qualitätsmanagement, das CIRS (Critical Incident Reporting System) und weitere ISO-zertifizierte Einheiten (z. B. Labor, Tumorzentrum, Kodierung), welche in Frage kommen. Daneben beschäftigen sich auch die Finanzbuchhaltung und die Informatik mit der Bewirtschaftung von Risiken. Es ist zu definieren, wie diese dezentralen Risikofachstellen in das ERM-Konzept eingebunden werden. Dabei sind von losen Kopplungen mit sporadischem Informationsaustausch bis hin zur vollständigen Zusammenlegung dieser Funktionen etliche Zwischenstufen denkbar.

Fehlendes Verständnis für den ERM-Prozess
Bei der Gestaltung des ERM-Prozesses sind, wie oben ausgeführt, wesentliche Schritte universell in nahezu allen gängigen Rahmenwerken enthalten. Dies betrifft z. B. die Risikoidentifikation und -bewertung. Organisationsspezifische Details sind es, welche über die Akzeptanz und den Erfolg des ERM entscheiden. Solche Details geben sich jedoch nicht von Anfang an zu erkennen, sondern treten erst im realen Einsatz des ERM-Systems zutage. Das kann dazu führen, dass frühe Design-Entscheidungen nachträglich korrigiert werden müssen, um die Zielsetzung des ERM nicht zu verwässern.

Missverständliche Terminologie
Im Beispiel ist eine Situation beschrieben, die zeigt wie aus etwas vermeintlich Nebensächlichen eine bedeutende Dynamik entfalten kann.

> **Lesson Learned: Die "Watchlist Risiken" als Beispiel für problematisches Prozessdesign**
>
> An der Insel Gruppe wurde im Rahmen der ERM-Erstimplementierung besonderes Gewicht auf die unternehmenswesentlichen Risiken und Chancen gelegt. Diese so genannten ‚Schlüsselrisiken bzw. -chancen' besitzen eine besonders hohe Schadenshöhe und werden deswegen im Jahresrhythmus der obersten Leitungsebene detailliert vorgestellt und mit allen Akteuren intensiv besprochen. Für alle Schlüsselrisiken waren Maßnahmenbündel zu erstellen, deren Umsetzung zweimal jährlich gemessen und berichtet wird.
>
> Dies geschah jedoch zuungunsten der übrigen, eher operativ ausgerichteten Risiken der Krankenhausgruppe. Die verwendete Terminologie als «Watchlist Risiken» war insofern kontraproduktiv, als dass diesen Risiken wenig Aufmerksamkeit geschenkt wurde und diese auch nicht den jährlichen Prozessen der Neubewertung, Maßnahmenverfolgung und Reporting unterzogen wurden. Im medizinischen Kontext ist der Begriff «Watchlist» zudem vorbelegt, z. B. wenn ein Patient unspezifische Symptome zeigt und eine Strategie des «watchful waiting» bzw. ein beobachtendes Abwarten ohne sofortige Therapie möglich ist.
>
> Derart fehlbezeichnet und dazu noch stiefmütterlich behandelt, zeigte sich erst im Jahr 2 der ERM-Implementierung, dass die ‚Watchlist Risiken' wieder mehr in den Fokus gerückt werden mussten. Im gleichen Zusammenhang wurde auch der Begriff der ‚Watchlist Risiken' nicht mehr verwendet.

Aus dieser Einsicht heraus lässt sich die Forderung ableiten, den definierten ERM-Prozess noch längere Zeit als ‚vorläufig' zu kennzeichnen und notwendige, unausweichliche Anpassungen und Detaillierungen im Rahmen eines Change-Prozesses gleich nach Systemstart zu sammeln und zu bearbeiten.

ERM-Software
Die erfolgreiche, unternehmensweite Umsetzung des ERM-Konzepts ist ohne eine entsprechende Anwendungssoftware nicht möglich. Die Anforderungen des Gesetzgebers an Gesamtrisikoaggregation und Prüfbarkeit der ERM-Funktion übersteigen die Möglichkeiten einer allgemeinen Bürosoftware erheblich. Ist die Erstellung oder die

Beschaffung eines ERM-Softwaresystems geplant, muss frühzeitig mit der Spezifikation der Anforderungen bzw. dem Prototyping begonnen werden. Es macht keinen Unterschied, ob dabei traditionelle oder moderne Entwurfsmethoden zum Einsatz kommen. Wichtig ist es, Anforderungen analog der Evolution der ERM-Implementierung zu dokumentieren und zu aktualisieren. Agile Methoden helfen dabei, laufend gemachte neue Einsichten in das Pflichtenheft des Softwaresystems aufzunehmen. Insbesondere bei einer Erstimplementierung entsteht ein reichhaltiger Erfahrungsschatz, zu dem auch anfängliche Irrwege und Sackgassen hilfreiche Erkenntnisse beitragen. Im Forschungsprojekt, das die Basis dieses Quick Guides darstellt, hat new-win SW Solutions AG eine entsprechende ERM Software entwickelt, vgl. www.newwin.ch/erm-software.

2.9 Zusammenfassung der Aktivitäten (Checkliste)

Abschließend werden die Kernaktivitäten im Sinne einer Checkliste für die Praxis zusammengefasst:

- Lenkungsausschuss einrichten
- Stakeholdergruppen identifizieren, dabei das Kerngeschäft berücksichtigen
- Informationsbedürfnisse ermitteln und Berichtsformate darauf abstimmen
- Zielsetzung, Zeithorizonte und Ergebnisse der ERM-Funktion festlegen
- Zentralisierungsgrad der ERM-Funktion bestimmen
- ERM-Grobprozess entwerfen, später zu detaillierende Schritte kennzeichnen
- Aspekte des Change-Managements bereits am Anfang in die Methodik integrieren
- Basisverständnis der im Betrieb bestehenden Sicherheitskultur entwickeln

- Einbettung der ERM-Funktion in die Linienorganisation und Austauschbeziehungen bestimmen
- Erstellen einer Grundlagenkommunikation mit Zielsetzung, Aufbau- und Ablauforganisation und Nutzen der ERM-Funktion
- Anforderungsspezifikation an ein Softwaresystem beginnen (Pflichtenheft).

> **Transfer in die Praxis**
>
> - Wollen Sie ein modernes, effizientes ERM-System in Ihrem Krankenhaus implementieren bzw. ein bestehendes Risikomanagement entsprechend aufwerten?
> - Wollen Sie mit der Leitungsebene Ihrer Organisation einen zielführenden Dialog über strategische Ziele, Stossrichtung und Vorgehensweise, Risikoappetit und Chancenpotenziale führen?
> - Wollen Sie wissen, welche Aktivitäten zur Vorbereitung und Einführung eines ERM-Systems durchzuführen sind?
> - Benutzen Sie Checklisten und vermeiden Sie die typischen Stolpersteine bei der Einführung Ihres ERM-Systems.
> - Bestimmen Sie, wie zentral bzw. dezentral die Risiko-Expertise in Ihrem Haus gestaltet werden soll und binden Sie das Kerngeschäft effektiv in Ihren Prozess ein.

Literatur

Boutellier, R., Gabriel, P., Barodte, B. & Montagne, E. (2007). *Zeitsparendes Risikomanagement mit einem standardisierten Risiko- und Maßnahmenkatalog.* Berleb & Wolf-Berleb.

Gaede, K., & Gausmann, P. (Februar 2007). Erwachet! kma - Das Magazin für die Gesundheitswirtschaft, S. 1–4.

Hunziker, S., Fallegger, M., & Balmer, P. (2017). Risikokultur in KMU fördern. *Management & Qualität, 05*(2017), 22–23.

Hunziker, S., & Meissner, J. (2017). *Risikomanagement in 10 Schritten.* Springer Verlag.

Korte, T., & Romeike, F. (2011). *MaRisk VA erfolgreich umsetzen: Praxisleitfaden für das Risikomanagement in Versicherungen.* Internation Progress Organization

Lümmer, D. R. (2011). *Risikomanagement im Gesundheitswesen – Eine ökonomische Nutzen-Analyse unter Einbezug der Haftpflichtversicherungsprämien.* Dissertation Universität Duisburg.

Schmola, G. (2016). Grundlagen und Instrumente des Risikomanagements. In G. Schmola & B. Rapp (Hrsg.), *Compliance, governance und risikomanagement im Krankenhaus* (S. 289–340). Springer Gabler.

3
Ganzheitliche Risikoidentifikation

> **Was Sie aus diesem Kapitel mitnehmen**
> - Effektives ERM in sieben Prozessschritten
> - Die für die Organisation relevanten Risiken erkennen, beschreiben und bewerten
> - Herausforderungen bei der Umsetzung erkennen und diesen begegnen
> - Stolpersteine bei der Risikoidentifikation vermeiden
> - Risiken sinnvoll filtern, um die potenziellen Schlüsselrisiken festzulegen

ERM-Prozess

Der ERM-Prozess enthält sieben Prozessschritte, die einmal oder mehrmals pro Geschäftsjahr durchlaufen werden können. Obwohl die Prozessschritte einen geschlossenen Regelkreislauf suggerieren, trifft dies in der praktischen Umsetzung nicht zu. Einzelne Aktivitäten des Prozesses können mehrfach und ad-hoc durchgeführt werden und sind mit anderen Prozessen und Aktivitäten in der Organisation verknüpft. Damit wird der ERM-Prozess nicht als isoliertes, geschlossenes System verstanden, sondern es bestehen (Austausch-)Beziehungen mit der allgemeinen Geschäftstätigkeit der Gesundheitseinrichtung. Die folgende Abbildung zeigt den empfohlenen ERM-Prozess auf (Abb. 3.1).

Abb. 3.1 Vorschlag 7-stufiger ERM-Prozess

3.1 Risikoidentifikation

Die Risikoidentifikation als erster Schritt eines ERM-Prozesses ist von zentraler Bedeutung, weil bereits an dieser Stelle ein Basisinventar an Risiken (und Chancen) festgelegt und – häufig erstmalig – dokumentiert wird. In den späteren Prozessschritten wird dieses Inventar zwar noch genauer analysiert und reflektiert, doch zeigt die praktische Erfahrung, dass die zu Beginn identifizierten Risiken meist sehr real sind für die Organisation und diese sich durch den gesamten Prozess ziehen.

Dabei ist die Frage, „wie kommen wir zu unseren Risiken?" gar nicht so einfach zu beantworten. In der Praxis mangelt es oft an einem gut entwickelten und gut strukturierten Ansatz zur Risikoidentifikation, wie folgende Beispiele zeigen:

- Die Risikoidentifikation ist nicht mit den Unternehmenszielen verknüpft und wird nur um der Risikoinventur willen erstellt
- Eine unkoordinierte Risikoidentifikation führt zu höheren Kosten und geringerer Glaubwürdigkeit des gesamten ERM
- Die Risikoidentifikation ist zu stark operativ und zu wenig strategisch ausgerichtet, d. h. Risiken werden erst dann berücksichtigt, wenn Pläne und Strategien von der Geschäftsleitung genehmigt und wichtige Entscheidungen bereits getroffen wurden
- Die für das ERM relevanten Interessengruppen werden nicht einbezogen, was zu einer geringeren Akzeptanz führt
- Die „besten verfügbaren Informationen" für die Risikoidentifikation werden nicht berücksichtigt
- Die Risikoidentifikation ist zu sehr auf interne, vermeidbare Risiken ausgerichtet (und zu wenig auf externe, strategische Risiken) (Hunziker, 2021)
- Risiken werden zwar erkannt, aber sofort als nicht relevant oder für die eigene Organisation unzutreffend gleich wieder verworfen. Sie werden erst gar nicht in das Basisinventar der Risiken aufgenommen und finden in nachfolgenden Schritten keine Beachtung.

Eine systematische und möglichst vollständige Risikoidentifikation kann durch die Kombination verschiedener Instrumente und die Berücksichtigung externer und interner Perspektiven erreicht werden. Eine geeignete Filterfunktion während der Risikoidentifikation verhindert, dass nachrangige oder nicht relevante Risiken in die anschließende Risikobewertung einfließen (vgl. Abschn. 3.3).

3.1.1 Der Risk Intake Prozess

Die Initialzündung des ERM liegt in der Identifikation relevanter Risiken und Chancen. I. d. R. stellt die Risikoidentifikation den ersten Schritt im ERM-Prozess dar. Die Zeitrechnung des ERM-Prozesses beginnt üblicherweise mit dem ersten Risk Assessment Workshop bzw. der Aufforderung durch die ERM-Funktion an die Beteiligten, „ihre" Risiken und Chancen zu dokumentieren. Die Erstaufnahme in das Risiko- und Chanceninventar der Institution macht ein Risiko überhaupt erst begreif- und bewertbar. Damit ist die Basis für alle weiteren Prozessschritte gelegt.

Vor dieser Initialzündung jedoch, noch vor dem ersten Workshop und vor dem ersten schriftlich festgehaltenen Risiko liegt eine wichtige Vorstufe, die zunächst gemeistert werden muss. Diese Vorstufe wird als ‚Risk Intake Prozess' bezeichnet und hat als solcher kaum Eingang in die Lehrbücher zum ERM gefunden. Diese Voraussetzungen haben nur wenig zu tun mit organisatorischen Regelungen, Budgets, Zeit- und Zielvorgaben, hierarchischen Beziehungsgefügen und Berichtslinien der formalen Aufbauorganisation. Gemeint sind vielmehr Voraussetzungen, welche sich an der mentalen Bereitschaft orientieren, sich überhaupt auf das ERM gedanklich einzulassen.

Der „Risk Intake Prozess" ist streng genommen gar kein normaler Prozess mit einer definierten, wiederholbaren Aktivitätenfolge, Inputs und Outputs. „Risk Intake" ist vielmehr ein Begriff für den herrschenden kulturellen Kontext und die subtilen Dynamiken, welche sich oft ungewollt entfalten und sowohl förderliche als auch kontraproduktive Wirkung auf das ERM haben können. Der ‚Risk Intake Prozess' beschäftigt sich mit mentalen Widerständen, Effekten der Wahrnehmungsverzerrung und ungewollten Dynamiken, welche sich auf einen erfolgreichen Anfang des eigentlichen ERM-Prozesses auswirken. Kurzgefasst: Wenn der ‚Risk Intake Prozess' nicht funktioniert, kann das ERM keine verlässlichen Informationen über die Risikolage der Organisation liefern.

Wahrnehmungsverzerrungen werden auch unter ihren englischsprachigen Begriffen als „cognitive biases" diskutiert. Es handelt sich um Effekte, denen Individuen und Gruppen unterliegen und welche deren Wahrnehmung beeinträchtigen. Sie sind Teil der menschlichen Psyche und lassen sich auch nicht völlig ausräumen oder kontrollieren. Wahrnehmungsverzerrungen sind so gesehen nichts perse Schlechtes, sie helfen in einer komplexen Umwelt, können aber beim professionellen Umgang mit Risiken und Chancen kontraproduktive Effekte bewirken.

Einige der für das ERM besonders relevante Wahrnehmungsverzerrungen und die dadurch erzeugten Dynamiken werden in der Tab. 3.1 zusammengestellt.

3.1.2 Vermeiden von Risikosilos

Risikosilos bezeichnen Strukturen, in denen Risiken dezentral und ohne übergeordnete Koordination bewirtschaftet werden. Oftmals historisch gewachsen, werden Risiken den einzelnen Funktionsbereichen zugeordnet und dort – ohne Abstimmung mit anderen Bereichen – identifiziert, bewertet und gesteuert. Beispiele sind:

- CFO: Finanzielle Risiken (Zinssätze, Liquidität, Währungen)
- Chief Medical Officer bzw. Ärztlicher Direktor: Klinische Risiken
- CIO: Cyber-Risiken und IT-Ausfallrisiken
- COO oder Qualitätsmanagement: Produktesicherheit, Vigilanz-Meldungen, Logistikrisiken
- Personalchef: Risiken aus Fachkräftemangel, strategische Personalplanung, Aus- und Weiterbildung
- etc.

Jeder dieser funktionalen Leiter ist für das Management der Risiken in seinem Zuständigkeitsbereich verantwortlich. Die ERM-Terminologie und -Methoden sind innerhalb dieser Silos einheitlich gewachsen, aber nicht über die verschiedenen Silos hinweg aufeinander abgestimmt. Dies erschwert oft die Bewertung einer organisationsweiten Risikoexposition aufgrund von Inkonsistenzen der verschiedenen Bewertungstechniken, die in den Risikosilos angewendet werden.

ERM verlangt eine organisationsweit einheitliche Risikobewertung. In der Praxis kann es jedoch vorkommen, dass einige Geschäftsbereiche oder Unterstützungsfunktionen aus einer Gesamtperspektive als nicht relevant genug angesehen werden, weil sie finanziell unwichtig erscheinen. Abhilfe könnte die Verwendung finanzieller Signifikanzschwellen leisten, ab deren Erreichen die Teilnahme am ERM verpflichtend wird.

Tab. 3.1 Beispiele von Wahrnehmungsverzerrungen (Hilsbos & Hunziker, 2021)

Nr.	Wahrnehmungsverzerrung	Mögliche Dynamik mit unerwünschter Wirkung auf das ERM
1	Verfügbarkeitsheuristik bzw. „availability bias" Man orientiert sich an Dingen, die leicht aus dem Gedächtnis abrufbar sind und gibt sich mit diesen zufrieden	Eintretenswahrscheinlichkeiten werden systematisch zu hoch eingeschätzt für Risikoereignisse, die den Beteiligten spontan einfallen. Umgekehrt werden Risiken, deren Merkmale und Wirkungen nicht in den Sinn kommen, tendenziell unterschätzt oder gar nicht erst erkannt
2	Rückschaufehler bzw. „hindsight bias" Im Nachhinein betrachtet stellen sich Ereignisse anders dar, hauptsächlich weil Informationen vorliegen, die man zu Beginn nicht hatte	Tatsächlich eingetretene Risiken werden im Nachhinein ganz anders eingeschätzt, oft sogar als unausweichlich eingestuft, damit einher geht eine verzerrt hoch eingeschätzte Eintretenswahrscheinlichkeit vergleichbarer, zukünftiger Risiken
3	Rezenzeffekt, Aktualitätsverzerrung bzw. „recency bias" Kürzlich gemachte Erfahrungen werden als Referenz herangezogen, weiter zurückliegende Ereignisse dagegen ausgeblendet	Ähnlich wie bei der Verfügbarkeitsheuristik, werden jüngere Erfahrungen und Risikoereignisse anders bewertet als solche, die bereits länger zurück liegen. Lehren aus der Vergangenheit fließen nicht in den ERM-Prozess ein
4	Bestätigungsfehler bzw. „confirmation bias" Man nimmt primär Informationen auf, welche die vorgefasste Meinung bestätigen. Widersprüchliches wird ignoriert oder relativiert	Die Bewertung von Risiken und Chancen erfolgt nach Maßgabe der eigenen, vorgefassten Meinung der Risikofachperson Reale Risiken werden bereits während des ‚Risk Intake' aussortiert und schaffen es mit hin gar nicht in den eigentlichen ERM-Prozess
5	Erwartungsfehler oder auch Beobachtungsfehler bzw. „expectation bias" Ereignisse werden anhand der Erwartungen, was geschehen wird, wahrgenommen und eingeordnet	Der Blick auf alternative Risikoszenarien wird getrübt und diese werden gar nicht erst in das Kalkül aufgenommen. Das Beobachtete wird stellvertretend für das Mögliche eingeordnet, d. h. Nicht-Beobachtetes wird auch nicht für möglich gehalten

3.1.3 Risikokategorisierung

Im laufenden ERM-Betrieb verantwortlich für die Erkennung und Erfassung von Risiken sind die leitenden Risikoeigner mit ggf. der Unterstützung durch die Risikofachexperten. Diese identifizieren die Risiken systematisch anhand der vom Risikomanager vorgegebenen Methodik. Die Bestandsaufnahme erfolgt laufend bottom-up (ausgehend von untersten Hierarchieebenen) und top-down (ausgehend von der Unternehmensleitung). Im Rahmen der Risikoidentifikation erfolgt eine verbale Beschreibung und eine Kategorisierung (auf oberster Ebene z. B. strategisch, operativ, finanziell oder klinisch) des Risikos (vgl. Abb. 3.2).

Zudem werden die betroffenen Bereiche innerhalb der Organisation identifiziert. Der Risikomanager ordnet anschließend das Risiko einem Risikoeigner und den jeweils betroffenen Direktionen bzw. Bereichen zu. Den identifizierten Risiken sind idealerweise Unterkategorien wie

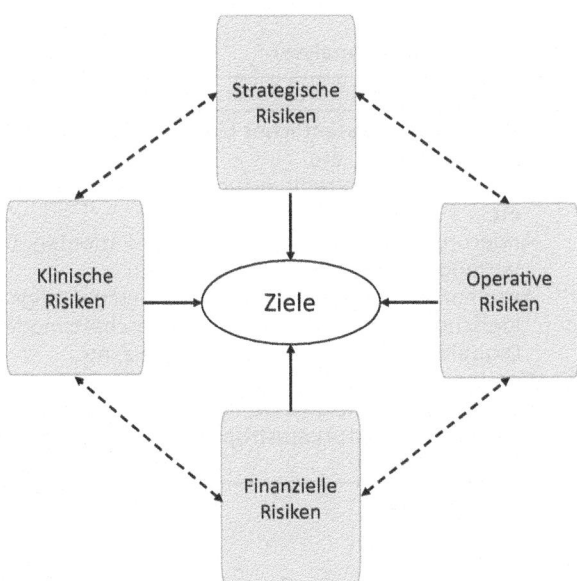

Abb. 3.2 Vorschlag zur Bildung von Risikokategorien auf erster Ebene

z. B. HR, Infrastruktur, Markt oder Compliance zuzuordnen. Die Kategorien und Unterkategorien stellen einen Schlagwortkatalog dar, nach dem Risiken ausgewertet und analysiert werden können.

3.1.4 Analyse des externen und internen Umfelds

Risiken und Chancen können außerhalb und innerhalb von Organisationen entstehen. Insbesondere die Analyse des externen Umfelds ist ein zentraler Teil der Risikoanalyse und erhält im Vergleich zur internen Analyse tendenziell zu wenig Beachtung. Die Umweltanalyse betrifft alle externen Einflussfaktoren (inkl. aller Stakeholder), die einen Einfluss auf die Zielerreichung der Organisation ausüben können. Die PESTEL-Analyse eignet sich dafür sehr gut. Sie ist ein Instrument der Umweltanalyse und unterstützt die Analyse und Beurteilung der Makro-Umwelt von Organisationen. Das Akronym steht für Einflussfaktoren aus den Bereichen „political", „economical", „socio-cultural", „technological", „ecological" und „legal" (vgl. Tab. 3.2).

Tab. 3.2 PESTEL-Analyse (Umweltanalyse)

Kategorie	Beispiele von Risikofaktoren
Politik	Art und Umfang staatlicher Einflussnahme wie Arbeitsrecht, Baserate, Tarife, etc.
Wirtschaftlich	Zinsen, Inflation, Kreditverfügbarkeit, Wirtschaftswachstum, etc.
Sozial	Änderung in den Anforderungen der Patienten, Demografie, Vermögensverhältnisse Patienten, etc.
Technologisch	Automatisierung von Operationen, Geschwindigkeit technologischer Wandel, Änderung von Geschäftsmodellen, Digitalisierung, Künstliche Intelligenz, etc.
Rechtlich	Gesetze im Bereich Arbeitssicherheit, Regulierung, Industriestandards, Arbeitsgesetze, Gesundheitsgesetze, etc.
Umwelt	Klimawandel, Naturkatastrophen, Energiebedarf, Flut, Feuer, Pandemien, etc.

3 Ganzheitliche Risikoidentifikation

> **Tipp**
> Für eine effektive Umfeldanalyse hat sich in der Praxis eine Kombination aus dem 5-Kräftemodell (Porter), einer PESTEL-Analyse und der Analyse von Wachstumstreiber und -bremsen herausgestellt. Abb. 3.3 zeigt einen Vorschlag für ein entsprechendes Analyseraster.
> Dieses Analyseraster hilft, relevante Risiken und Chancen, die sich aus dem Umfeld der Organisation ergeben, ganzheitlich zu identifizieren und diskutieren.

Das interne Umfeld ist ein ebenso wichtiger Teil der Risikoanalyse. Es betrifft alle organisationsinternen Einflussfaktoren (inkl. aller interne Stakeholder wie Mitarbeitende, Direktionen, Verwaltungsrat, etc.), die einen Einfluss auf die Zielerreichung ausüben können. Es wird empfohlen, diese Analyse systematisch gemäß dem Schema in Tab. 3.3 durchzuführen:

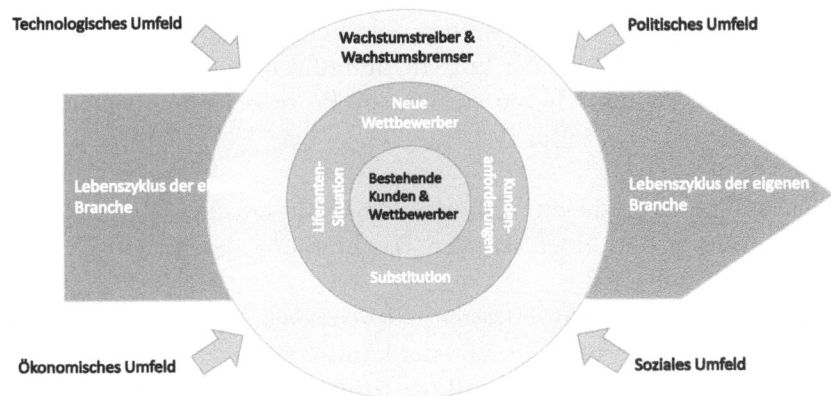

Abb. 3.3 Analyseraster zur Identifikation von Umfeldrisiken (in Anlehnung an Grundy, 2006)

Tab. 3.3 Analyse internes Umfeld

Kategorie	Beispiele von Risikofaktoren
Kapital	Vermögensgegenstände wie Cash, Patente, Grundstücke, Inventar, etc.
Mitarbeitende	Wissen, Bildung, Netzwerk, Erfahrung, Wertvorstellungen, Kultur, etc.
Prozesse	Aufgaben, Regeln, Normen, Supportprozesse, Kernprozesse, Change-Management, etc.
Technologie	Neue oder angepasste Technologien und Verfahrensweisen, etc.

Die Auswirkungen des externen und internen Umfelds auf das Risikoprofil können dreistufig – bezogen auf die vergangene, gegenwärtige und zukünftige Zielerreichung – beurteilt werden. Ein Rückblick auf die vergangene Leistung kann das Unternehmen mit wertvollen risikorelevanten Informationen versorgen. Die Analyse der aktuellen Zielerreichungsgrade kann zeigen, wie aktuelle Trends und andere interne Faktoren das Risikoprofil beeinflussen. Eine Szenarioanalyse, wie diese internen und externen Faktoren das künftige Risikoprofil gestalten können, hilft bei der Entscheidungsfindung.

Folgende Ergebnisse liegen nach dem Prozessschritt «Risikoidentifikation» vor:

- Erfassung aller neuen Einzelrisiken mit Risiko-Titel (Risikobezeichnung) und einer verbalen Beschreibung des Risikos (Risikoszenario)
- Zuordnung aller neu erfassten Einzelrisiken zu einer Kategorie (strategisch, operativ, finanziell oder klinisch)
- Zuordnung aller neu erfassten Einzelrisiken zu einem oder mehreren Bereichen/Organisationseinheiten
- Ursachenorientierte Zuordnung aller neu erfassten Einzelrisiken zu einer Risiko-Sub-Kategorie (z. B. HR, IT, Medizintechnik, Infrastruktur, Marktrisiko, Compliance)
- Allen erfassten Einzelrisiken ist ein Risikoeigner zugewiesen.

3 Ganzheitliche Risikoidentifikation

Tipp

Das ERM identifiziert und betrachtet solche Risiken und Chancen, welche für die Gesamtorganisation von entscheidender Bedeutung sind. Der deutsche Gesetzgeber spricht von «bestandesgefährdenden» Risiken (§ 91 AktG). Solche, für das Krankenhaus wesentlichen Risiken, sind vielfältig und betreffen unterschiedlichste Bereiche der Organisation, nicht nur das Kerngeschäft der medizinischen und pflegerischen Dienstleistung. Das Rechnungswesen, das Infrastrukturmanagement, die Personalabteilung und natürlich die Informationstechnologie können Einheiten sein, die von wesentlichen Risiken betroffen sind.

Nebst der grossen Bandbreite an Unternehmenseinheiten, die am ERM-Prozess beteiligt sind und als Risikoeigner entsprechende Massnahmen umsetzen, gilt noch ein weiteres, charakteristisches Merkmal für die wesentlichen Unternehmensrisiken: Sie sind im Zeitablauf relativ stabil. Gravierende Dynamiken sind eher nicht zu erwarten.

Um dies zu verdeutlichen, sei an die wesentlichen Risiken des medizinischen Kerngeschäfts erinnert:

- Patientenschädigung durch Medikationsfehler, ärztliche Kunstfehler, Komplikationen bei Eingriffen, fehlerhafte Blutprodukte
- Eingriffe auf der falschen Seite, Verbleib von Materialien im Körper des Patienten
- Nosokomiale Infektionen, Lageschäden, Ausbruch multiresistenter Organismen, etc.

Diese Liste wird Jahr für Jahr auf dem ERM-Ranking zu finden sein, und auch nach Umsetzung ganzer Massnahmenbündel in den Bereichen Patientensicherheit und Qualitätsmanagement werden diese Risiken nicht verschwinden.

Ähnliches gilt für Risiken des sozialen und demographischen Wandels (Multimorbidität bei steigender Lebenserwartung, Fachkräftemangel), der Medizintechnologie (Digitalisierung & Automatisierung, Einsatz von Robotern in OP und Pflege, Integrierte Patienten-Informationssysteme, Cyberangriffe) und des betrieblichen Rechnungswesens (Finanzierung, Kosten für neuartige, individualisierte Therapien und Medikamente, Ertragsmanagement). In all diesen Bereichen besteht ein überdauernder, harter Kern an Risiken und Chancen, welche das gesamte Gesundheitswesen durchziehen.

Demzufolge unterscheidet sich das Inventar der Schlüsselrisiken des Krankenhauses von Jahr zu Jahr nur wenig. Bauprojekte oder grössere Softwareprojekte sind allenfalls Quellen für neue Risiken bzw., nach Projektabschluss, für Löschungen aus dem Risikoinventar. Insgesamt aber bleibt das Risikoinventar eine recht statische Angelegenheit.

Daraus könnte der Eindruck bei den Adressaten der ERM-Berichterstattung entstehen, das ERM sei nicht dynamisch und bringe immer nur das Gleiche. Der Effekt wird verstärkt, wenn risikosteuernde Massnahmen, welche zu Beginn der ERM-Aktivität beschlossen wurden, zwischenzeitlich umgesetzt worden sind oder kurz vor Vollendung stehen, die zughörigen Risiken aber nach wie vor bestehen. Das Interesse an der ERM-Aktivität erlahmt, wenn der Reflex nach ständig Neuem nicht bedient wird. Die ERM-Funktion verliert – scheinbar – an Relevanz.

Um diesem Effekt entgegenzutreten, können folgende Mittel eingesetzt werden:

- Jährlich wechselnde Schwerpunktthemen mit vertiefter Diskussion ausgewählter Risiken bzw. Risikocluster. Dies könnte als Exkurs oder Einschub in der ERM-Berichterstattung dargestellt werden.
- Besondere Betonung der Unterschiede bei Risiken und deren Bewertung gegenüber dem Vorjahr. Veränderungen hinsichtlich der Positionierung in der Risikomatrix können etwas ausführlicher besprochen werden.
- Die statischen Aspekte des Risikoinventars offen ansprechen und damit ein Erwartungsmanagement etablieren. Ein weitgehend stabiles Risiko- und Chanceninventar entspricht der Erwartung. Umgekehrt wäre es eher fragwürdig, gäbe es jedes Jahr komplett unterschiedliche Schlüsselrisiken, welche das Haus bedrohen. Daraus liesse sich eher schliessen, dass dem ERM die strategische und übergeordnete Perspektive fehlt und eher dem tagesaktuellen Geschehen gefolgt wird. Dies aber stünde dem Anspruch des ERM eher entgegen.
- Erwähnung von Zwischenergebnissen oder Meilensteinen im Berichtsjahr, z. B. die erfolgreiche Durchführung von Risk Assessment Workshops, Beurteilung von Projektrisiken und -chancen, durchgeführte Schulungen, Messung der Risikokultur, etc.
- Anreichern der ERM-Berichterstattung mit Zitaten prominenter Personen aus der Organisation (z. B. CEO/Direktionspräsident, Vorsitzende des Risiko-Ausschusses) oder der Branche (Gesundheitsminister, Medienberichte über risikorelevante Ereignisse) und deren Diskussion.
- Persönliche Stellungnahme bzw. Abschnitte mit Kommentierung und Wertung der ERM-Aktivität durch die verantwortliche Person. Dies kann auch anekdotenhaft einen speziellen Aspekt des ERM betreffen und diesen – nebst der formalen Risikobewertung – kommentieren.
- Ausblick, persönliche Einschätzung oder eine Expertenmeinung, als solche gekennzeichnet, in die ERM-Berichterstattung aufnehmen.

Ziel muss es sein, die strategische, dem Adressatenkreis die übergeordnete Perspektive des ERM zu vermitteln und nicht dem täglichen Geschehen hektisch zu folgen und auch nicht ständig wechselnde Prioritäten zu setzen.

3.2 Qualitative Risikoanalyse

Mit dem Ziel einer präzisen Risikoerfassung beschreiben die Risikoeigner mit Hilfe der Risikofachexperten die Risiken und präzisieren diese mit Aussagen zu den Ursachen und Wirkungen. Die Risikoanalyse anhand von Ursache und Wirkung ist eine Voraussetzung für die zielgerichtete Risikosteuerung. Identifizierte Risiken werden kategorisiert, was ein Zusammenziehen von Risiken gleicher Ursache (Kategorie) – und damit eine aggregierte Sichtweise – erlaubt. Der Risikomanager liefert die Methodenkompetenz bei dieser Szenario-Betrachtung und begleitet die Bewertung kritisch. Schließlich führt er oder sie eine Plausibilisierung der Ursachen-Wirkungsbeschreibung und Bewertung durch.

Die Risikoeigner bewerten in der Folge die identifizierten Risiken nach Eintrittswahrscheinlichkeit (EW) und Schadenshöhe jeweils für einen glaubwürdig schlimmsten Fall des Risikos. Der glaubwürdig schlimmste Fall ist weder das unmöglichste aller Szenarien noch ein „Normalfall", tatsächlich liegt es als pessimistisches Szenario dazwischen. Um sicherzustellen, dass das ERM der Organisation glaubwürdig bleibt und von seinen Stakeholdern ernst genommen wird, sollten keine unrealistischen, irrelevanten Risiken in die Schlüsselrisikoliste aufgenommen werden. Die Frage, wie der Risikomanager glaubwürdige von unrealistischen Risiken unterscheiden kann, ist jedoch nicht trivial. Das folgende Beispiel soll dies verdeutlichen:

> **Beispiel**
>
> Im Risikoidentifikationsprozess wird ein Risiko genannt, das für alle Projekte und alle Geschäftsbereiche der Gesundheitseinrichtung und darüber hinaus für alle anderen Spitäler des Landes oder sogar weltweit verheerend sein kann. Dieses sehr pessimistische Szenario könnte z. B. lauten: „Roboter ersetzen das gesamte medizinische Personal (künstliche Intelligenz) und übernehmen die vollständige Kontrolle über die Kernprozesse der Organisation". Ein solches Szenario ist heute nicht glaubwürdig. Es ist hoch spekulativ und wahrscheinlich herrscht darüber kaum Konsens unter Experten. Darüber hinaus hat dieses Szenario

> in naher Zukunft nur eine sehr geringe EW. Das Unternehmen kann sich kaum sinnvoll auf dieses Szenario vorbereiten und entsprechende Maßnahmen ergreifen, um die Auswirkungen auf ein akzeptables Maß zu minimieren.
>
> Andere, ähnlich unglaubwürdige Szenarien können Risiken sein, die das Leben auf der Erde unmöglich machen, z. B. verheerende Meteoriteneinschläge, ein globaler Cyber-Krieg, der Dritte Weltkrieg oder eine grundlegende Verschiebung des politischen Systems von der Demokratie zur Diktatur. Um eine risikobasierte Vergleichbarkeit der Risikoexposition zwischen Projekten, Geschäftsfeldern und strategischen Optionen zu ermöglichen, müssen solche unglaubwürdigen Szenarien in allen Risikoanalysen konsequent ausgeschlossen werden.

Unrealistische, verheerende Risiken, die in der Regel eine ganze Branche (Medizin) oder gar die Weltwirtschaft betreffen, sind nicht zu verwechseln mit sehr seltenen, organisationsspezifischen Risiken, auf die man sich durch geeignete Risikosteuerungs-Maßnahmen (teilweise) vorbereiten kann. Diese sehr seltenen, aber glaubwürdigen Risiken können einzelne strategische Initiativen des Unternehmens betreffen. Ein Beispiel für ein glaubwürdiges, jedoch sehr seltenes und sehr pessimistisches Risikoszenario ist eine Brandkatastrophe in einem Landspital einer Krankenhausgruppe. Auch wenn dieses Risiko sehr selten ist (z. B. 0,005 % Jahreswahrscheinlichkeit), aber eine zerstörerische Wirkung besitzt (Landspital ist vollständig zerstört, Versorgungsengpässe treten auf, Reputationsschaden, finanzieller Schaden durch abnehmende Fallzahlen), muss es aus nachstehenden Gründen in die Risikoanalyse einbezogen werden:

- Das Risiko ist teilweise steuerbar, es kann z. B. versichert werden und es können vorbeugende Maßnahmen (Schutzwände, Frühwarnsysteme, redundante Kapazitäten) umgesetzt werden. Die Existenz der gesamten Krankenhausgruppe steht nicht auf dem Spiel.
- Das Risiko ist ein glaubwürdiges, wenn auch seltenes Szenario. Es besteht ein breiter Konsens darüber, dass dies irgendwann in der Zukunft geschehen könnte.
- Das Risiko hat nur Spital Gruppe-spezifische Auswirkungen und es könnte für die Gruppe zu einem Wettbewerbsnachteil werden (z. B. Verlust von Reputation und Abnahme Fallzahlen).

Bei der Szenario-Entwicklung des glaubwürdigen schlimmsten Falls müssen die bestehenden Maßnahmen berücksichtigt werden (Netto-Bewertungs-Prinzip). Für alle Einzelrisiken muss zwingend eine Ursache oder Ursachenkette identifiziert werden.

3.2.1 Schadenshöhe

Die Schadenshöhe entspricht der Summe der Auswirkungen, die kausal auf das Risiko zurückgeführt werden können. Sie wird als langfristiger finanzieller Netto-Schaden (Ertragswirkung und Kostenwirkung) in Währungseinheiten festgelegt. Der finanzielle Schaden ist auf seinen Gesamtschaden zu beurteilen, der sich auch über einen längeren Zeithorizont als ein Geschäftsjahr (insbesondere bei strategischen Risiken) erstrecken kann.

Anhand der Schadenshöhe können Risiken bezüglich ihrer potenziellen Auswirkungen auf einzelne Organisationseinheiten der Unternehmung oder die Organisation insgesamt klassifiziert werden, wobei je nach Organisationsebene unterschiedliche Schadensskalierungen festzulegen sind. Damit wird eine den Organisationseinheiten angepasste adäquate Risikobeschreibung ermöglicht. Die Referenzskalen werden vom Risikomanager in Abstimmung mit dem Risikomanagement-Komitee im Umsetzungskonzept des ERM festgelegt.

3.2.2 Eintrittswahrscheinlichkeit

Die Eintrittswahrscheinlichkeit (EW) bezieht sich auf die Anzahl eintreffender Fälle pro Zeiteinheit. Sie kann auch als Prozentwert ausgedrückt werden.

Grundsätzlich wird die EW auf ein Jahr normiert. Das heißt zum Beispiel, eine Angabe von 5 % EW bedeutet, dass mit einem Ereignis in den nächsten 20 Jahren zu rechnen ist (hier wird Unabhängigkeit der Ereignisse vorausgesetzt, das heißt, ein einmalig eingetretenes Ereignis hat keine Auswirkung auf die Folgebewertung des Ereignisses). Eine Ratingskala könnte gemäß Beispiel in Tab. 3.4 so aufgebaut werden:

Tab. 3.4 Vorschlag Ratingskala von Eintrittswahrscheinlichkeiten

1	Sehr unwahrscheinlich	Einmal in 100 Jahren oder seltener (1 %)
2	Unwahrscheinlich	Einmal in 50 Jahren (2 %)
3	Möglich	Einmal in 20 Jahren (5 %)
4	Wahrscheinlich	Einmal in 10 Jahren (10 %)
5	Sehr wahrscheinlich	Einmal in 5 Jahren (20 %)
1	Sehr unwahrscheinlich	Einmal in 100 Jahren oder seltener (1 %)

Wichtig bei diesem Prozessschritt ist, dass diese Beurteilung lediglich der späteren Filterfunktion bzw. Auswahl der Schlüsselrisiken dienlich ist. Die qualitative Beurteilung anhand der beiden Dimensionen mit einem Rating (1–5) ist ein Zwischenschritt zur Reduktion der Anzahl zu quantifizierenden Risikoszenarien und stellt selbst kein eigenständiges, vollwertiges Bewertungsverfahren dar.

Folgende Outcomes liegen nach dem Prozessschritt „Qualitative Risikoanalyse" vor:

- Erfassung aller neuen Einzelrisiken anhand eines glaubwürdig schlimmsten Falls
- Zuordnung einer Schadenhöhe in Währungseinheiten (Kosten- und Ertragswirkung, auch über mehrere Rechnungsperioden hinweg)
- Zuordnung einer EW pro Szenario.

Als nächstes ist zu überlegen, welche Risikofilter sinnvoll sind, um zwischen Schlüsselrisiken und anderen Risiken differenzieren zu können.

3.3 Risikofilter

Der Risikofilter ist eine Aktivität, welche die Schlüsselrisiken der Organisation für den aktuellen ERM-Zyklus festlegt. Nicht alle identifizierten Risiken fallen in diese Kategorie und Ziel ist es, die auf oberster Leitungsebene bearbeiteten Risiken von der Zahl her überschaubar zu halten.

Basierend auf der im Rahmen der Risikoidentifikation erkannten Risiken werden durch den Risikomanager die Schlüsselrisiken der

Organisation vorselektiert. Dabei handelt es sich um Risiken, welche schwerwiegende Auswirkungen auf die unternehmerischen Ziele haben können. Der Risikomanager ist berechtigt, in Absprache mit den jeweiligen Risikoeigner weitere Schlüsselrisiken aufzunehmen respektive die Risikobewertung anzupassen. Die Direktion und der Aufsichtsrat bzw. Verwaltungsrat können als Gremium die Priorisierung und Bewertung übersteuern.

Eine als notwendig erachtete Funktionentrennung zwischen Risikoeigner und Filterfunktion stellt sicher, dass nicht die eigenen Risiken aus selbstdienlichem Kalkül oder anderen privaten Motiven entweder als Schlüsselrisiko oder eben als Nicht-Schlüsselrisiko im Rahmen des Risikofilters künstlich positioniert werden. M. a. W., die endgültige Festlegung eines Risikos als wesentlich oder nicht-wesentlich erfolgt entweder im Gremium oder durch eine vorgesetzte Stelle, nicht jedoch durch den Risikoeigner selbst. Es wird empfohlen, die Filterfunktion primär über das Schadenpotenzial der Risiken vorzunehmen, und nur sekundär über die EW.

Aufgrund folgender Überlegungen wird empfohlen, von der EW als primäres Kriterium für die Filterfunktion abzusehen:

- Risiken, die den Fortbestand der Organisation gefährden können, richten sich nicht nach ihrer (vielleicht sehr niedrigen) EW. Dies muss den Entscheidungsträgern bewusst sein, um ihrer Verantwortung nachkommen zu können.
- Die Abwahl seltener Risiken als nicht-wesentlich birgt die Gefahr, dass schwerwiegende blinde Flecken im Risikoinventar entstehen können. Im Falle eines Risikoeintritts ist es für die Gesundheitseinrichtung wenig sinnvoll, auf die Seltenheit eines Ereignisses hinzuweisen – dies kann die juristische Konsequenz einer Pflichtverletzung begründen.
- EW sind ohnehin nur schwer einzuschätzen. Mangelnde menschliche Vorstellungskraft, aber auch generelles Unvermögen, noch nie eingetretene Risiken zu bewerten, spielen dabei eine Rolle.
- Auch aus einer Reihe an, jeweils für sich gesehenen, seltenen Risiken kommt es häufig zum Schadensereignis. Dieser Zusammenhang wird anhand des folgenden Beispiels verdeutlicht.

> **Seltene Risiken werden unterschätzt**
>
> Ein triftiger Grund, warum die EW kein gutes Auswahlkriterium für den Filter ist, kann durch das folgende Beispiel veranschaulicht werden. Angenommen, eine Organisation identifiziert 25 seltene Risiken mit hoher finanzieller Auswirkung. Der Einfachheit halber wird angenommen, dass alle Risiken eine gleich hohe geschätzte EW von 1 % aufweisen.
>
> Mit anderen Worten, jedes Risiko wird nur einmal in hundert Jahren erwartet. Weiter wird angenommen, die 25 Risiken seien unkorreliert. Diese Annahme kann realistisch sein, da Risikoabhängigkeiten bereits bei den einzelnen Szenario-Entwicklungen berücksichtigt werden. Wie hoch ist die Wahrscheinlichkeit, dass im nächsten Jahr mindestens eines der seltenen Risiken eintritt? Die Formel lautet: $1-(1-p)^N$. Werden die Zahlen des Beispiels eingesetzt (p = 1 %; N = 25), kann eine EW von 22,2 % berechnet werden.
>
> Diese Jahres-EW ist relativ hoch und wird mit traditioneller Bewertung meist unterschätzt. Fazit: Die EW, dass ein sehr seltenes Risiko bereits im nächsten Jahr auftritt, ist grösser als intuitiv erwartet, vor allem dann, wenn mehrere seltene Risiken identifiziert wurden.

Es ist wichtig, dass sich die Entscheidungsträger aller Risiken bewusst sind, die einen wesentlichen Einfluss auf die Unternehmensziele haben können. Dies bildet die Grundlage dafür, dass die Unternehmensleitung ihrer Verantwortung nachkommen kann, alle Risiken zu diskutieren, die den Fortbestand der Organisation gefährden könnten. Dabei ist es unerheblich, wie hoch die EW ist. Es ist wichtig zu prüfen, ob das Unternehmen auf einen Risikoeintritt vorbereitet ist oder ob gegebenenfalls Maßnahmen ergriffen werden müssen. Selbstverständlich kann die Organisation bewusst entscheiden, ein schwerwiegendes Risiko einzugehen, das sie für sehr selten einschätzt. In diesem Fall ist es aber eine fundierte Entscheidung, ein Schlüsselrisiko einzugehen, wenn z. B. das damit verbundene Erfolgspotenzial es rechtfertigt.

Weiter ist es sehr schwierig, die EW eines Risikos zuverlässig zu beurteilen, was je nach Einschätzung zu völlig unterschiedlichen Schlüsselrisiken in der Organisation führen kann. Menschen fällt es schwer, Wahrscheinlichkeiten einzuschätzen. Grundsätzlich lassen sich insbesondere Wahrscheinlichkeiten für Risiken, mit denen das Unternehmen bisher keine Erfahrung hat, nicht leicht abschätzen. Im Bereich der strategischen Risiken ist es daher schwierig, eine EW so genau wie möglich einzuschätzen.

Als Hilfestellung zur Visualisierung der möglichen Schlüsselrisiken und der Grenzziehung bei der Filterfunktion, kann eine Risk Map dienen. In Abb. 3.4 wird ein Beispiel einer solchen Risk Map dargestellt:

Im obigen Beispiel wird die EW als Filterkriterium miteinbezogen (ggf. mit zweiter Priorität). Dies muss, wie bereits ausführlich dargelegt, nicht unbedingt so erfolgen.

Der Risikomanager informiert die betroffenen Risikoeigner über die Schlüsselrisiken, welche an die Direktion oder den Verwaltungsrat rapportiert werden, respektive deren Bewertung durch die Direktion oder den Verwaltungsrat angepasst wurde. Gleiche Risiken, die in mehreren Organisationseinheiten auftreten und nicht dieselbe Ursache haben (unabhängige Ursachen), dürfen auf Stufe Unternehmen nicht

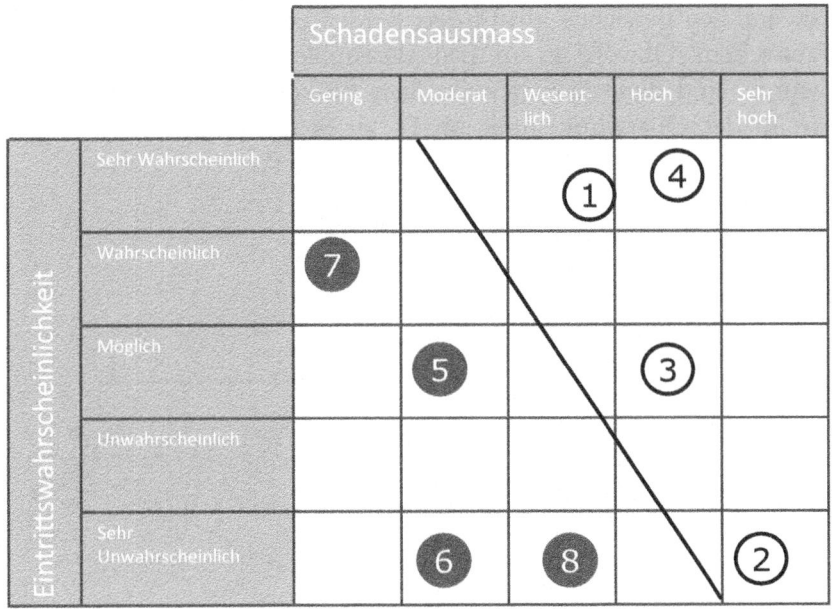

Abb. 3.4 Beispiel einer Risk Map zur Auswahl der potenziellen Schlüsselrisiken

zu einem Risiko zusammengefasst werden. Sie müssen als Einzelrisiken entsprechend mehrfach erfasst sein.

Risiken, die in mehreren Organisationeinheiten identifiziert werden und dieselbe Ursache haben, müssen auf Gruppenstufe gesteuert werden zwecks Bereinigung von Redundanzen. Dabei handelt es sich in der Regel um Risiken mit exogenen Ursachen mit Wirkung in Organisationseinheiten, wie z. B. gesetzliche Vorschriften. Einem solchem Risiko kann nur ein Risikoeigner zugeordnet werden, der die Risikosteuerung gruppenweit koordiniert (es können nicht mehrere Risikoeigner für dasselbe Risiko zuständig sein).

- In der Regel sind dies Risiken, die ihre Ursache in einer Querschnittsfunktion (fachliche Managementsysteme in der Organisation) wie IT, HR, Legal, Qualität, etc. haben. Entsprechend müssen diese Risiken einem Risikoeigner aus den Querschnittsfunktionen zugeordnet werden, z. B. Leiter IT.
- Abb. 3.5 illustriert dies: Ein IT-Risiko kann in verschiedenen dezentralen Bereichen identifiziert werden und kann dieselbe Ursache aufweisen. Obwohl es in den dezentralen Einheiten identifiziert wurde, sind diese nicht jeweils auch Risikoeigner. Der Risikoeigner ist in der Querschnittsfunktion IT zu definieren. Der Risikoeigner

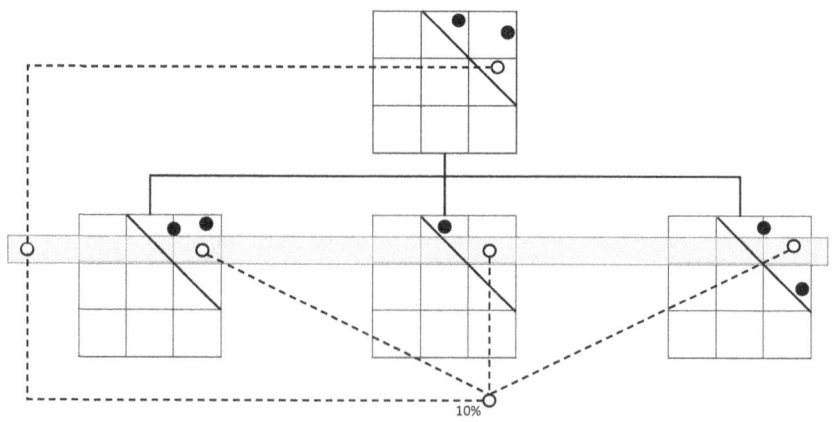

Abb. 3.5 Bereinigung von Risikoredundanzen

kann zusammen mit jeweiligen Risikofachexperte (falls sinnvoll) aus den dezentralen Einheiten zusammenarbeiten. Das entsprechende Risiko kann dezentral durch Risikofachexperte unterstützend gesteuert werden. Die Verantwortung (Risikoeigner) liegt aber bei der IT.

- Solche Risiken können dezentral aufgrund ihrer geringen finanziellen Auswirkung in der dezentralen Einheit als nicht relevant eingestuft sein, in der Summe aber aggregiert auf Stufe Gesamtorganisation wieder relevant werden (die finanziellen Auswirkungen in den dezentralen Einheiten können bei Risiken mit gleicher Ursache addiert werden).
- Zusätzlich können gleiche Risiken dezentral unterschiedlich bewertet sein (relevantes Risiko oder nicht) oder auch bei Aggregation nicht zu einem relevanten Risiko werden. Wenn das Risiko dezentral als relevantes Risiko beurteilt wurde, muss dieses dezentral in Abstimmung mit dem Risikomanagement-Komitee oder Risikomanager gesteuert (Maßnahmen ergriffen) werden.

Folgende Ergebnisse liegen nach dem Prozessschritt ‚Risikofilter' vor:

- Definierte Kriterien der Filterfunktion bez. EW und Schadenpotential
- Liste mit potenziellen Schlüsselrisiken
- Visualisierung mittels Risk Map.

3.4 Tipps und Gestaltungsempfehlungen

Ein zweckmäßig gestaltetes ERM-Konzept verknüpft Risiken und Chancen mit unternehmerischen Zielen. Risiken und Chancen werden grundsätzlich unter dem Aspekt einer ungeplanten Abweichung, positiv oder negativ, auf die Zielerreichung der Institution hin analysiert. Diese Verknüpfung von Risiken und Chancen mit Zielen beginnt mit der Festlegung, welche unternehmerischen Zielgrößen von ungeplanten Abweichungen tangiert werden. Auf oberster Leitungsebene sind dies häufig allgemeine Umsatzgrößen, Ertragskennzahlen (z. B. EBIT, EBITDAR) und breit gefasste, finanzielle Kennzahlen zum Geldfluss in Bilanz und Gewinn- und Verlustrechnung (CH: Erfolgsrechnung). Institutionen im Gesundheitswesen verwenden weitere, nichtfinanzielle Zielgrößen zur Unternehmenssteuerung. Zu diesen zählen u. a. die Bettenauslastung, der Case-Mix-Index (CMI) und Fallzahlen medizinischer Leistungen u. v. m.

Bei der Verknüpfung von Chancen und Risiken mit solchen Kennzahlensystemen ergibt sich ein *Zielkonflikt:* Einerseits verlangt die Leitungsebene eine Anknüpfung an die Führungskennzahlen, welche bereits auf ihrem Management-Cockpit bzw. im Führungsinformationssystem (FIS) enthalten sind. Diese sind entsprechend hoch aggregiert, vermitteln Einsichten in längerfristige Entwicklungen und Trends, sind aber genau aus diesem Grunde nicht operativ ausgerichtet. Umgekehrt wird die Risikosteuerung präziser, je genauer eine (Detail-)Position der finanziellen Rechnungslegung zugeordnet werden kann. Der Konflikt besteht darin, diese Perspektiven so zu kombinieren, dass die unterschiedlichen Informationsbedürfnisse der Stakeholdergruppen optimal adressiert werden.

Die Anforderungen der jeweiligen Stakeholdergruppen geht einher mit der Bestimmung der richtigen ‚Flughöhe' bei der Identifikation von Risiken und Chancen. Aufgrund der Verankerung der ERM-Funktion an der obersten Leitungsebene der Institution ist ein Top-Down-Ansatz naheliegend. Dabei stehen zunächst die unternehmenswesentlichen Risiken und Chancen im Vordergrund. Dies sind Risiken von strategischer Tragweite bzw. das Eintreten dieser Schlüsselrisiken kann existenzbedrohende Wirkung nach sich ziehen. Analog sind es die Schlüsselchancen, welche der Institution einen entscheidenden, nachhaltigen Vorteil hinsichtlich Wettbewerbes oder Leistungserbringung verschaffen.

Nachdem also die „natürliche" Herangehensweise an die Risikoidentifikation diejenige ‚von oben' ist, bleibt die Frage nach dem Abbruchkriterium, d. h., ab wann ein identifiziertes Risiko nicht mehr entscheidungsrelevant in das Kalkül der jeweiligen Managementstufe einfließen muss. Als Heuristik hat sich die erwartete maximale Schadenshöhe eines Risikos zur Abgrenzung bewährt. Anknüpfend an eine evtl. bestehende Finanzkompetenzordnung (Ausgaben-Limite oder

Zeichnungsberechtigung in EUR/CHF pro Kaderstufe und ggf. pro Unternehmenseinheit/Klinik/Profit Center, etc.) lassen sich Risiken vergleichsweise einfach einordnen – sofern die Schadenshöhe bestimmt oder geschätzt werden kann.

Damit in der Organisation ein einheitlicher Sprachgebrauch entstehen kann bzw. gefördert wird, müssen Begriffe wie Risiko, Chance, ggf. auch Schlüsselrisiko und dergleichen definiert und abgestimmt werden. Der nachfolgende Hinweis zeigt auf, wie wichtig eine solche Abstimmung ist.

> **Risikobegriff: Der Blickwinkel entscheidet**
>
> Die Radiologie ist eine Abteilung des Krankenhauses, in der eine Mehrzahl der Patienten früher oder später vorstellig wird. Meistens geschieht dies zwecks Einsatzes bildgebender Verfahren zur Unterstützung der Diagnostik (z. B. Röntgen, Computertomographie). Ausserdem werden radiologische Interventionen als Teil der Behandlung eingesetzt, z. B. bei der Bestrahlung von Tumoren. Die Radiologie wird als Dienstleistungsabteilung von vielen anderen Bereichen, Kliniken und Stationen in Anspruch genommen.
>
> Im Beispiel der ERM-Implementierung wurde bei der Vorstellung des ERM in der Radiologie der Risikobegriff erwähnt und beiläufig wurde eine Zahl von ca. 600 Risiken pro Quartal genannt. In der Diskussion wurde festgestellt, dass es sich dabei um die Zahl hochinfektiöser Patienten handelte, welche in die Radiologie geschickt wurden, ohne dass dieser Sachverhalt im Klinikinformations- und -steuerungssystem gekennzeichnet war.
>
> Was also im Alltag der Mitarbeitenden der Radiologie eine enorme Anzahl (ca. 600) von Risiken bedeutet, ist aus Optik des ERM lediglich *ein* (1) Risiko, nämlich ‚Hochinfektiöser Patient ist nicht als solcher im System erfasst und kann für das Personal gefährliche Agenzien verbreiten'! (Genau genommen handelt es sich in diesem Fall um gar *kein* Risiko, denn das Ereignis ist ja bereits eingetreten – der hochinfektiöse Patient erscheint in der Radiologie.)

Bei der Risikoidentifikation hat sich die simple Methodik der so genannten Bow Tie-Analyse zur narrativen Beschreibung des Risikos bewährt (vgl. Abb. 3.6). Dabei wird konsequent zwischen Ursachen- und Auswirkungsseite unterschieden. Dies klingt zwar zunächst trivial,

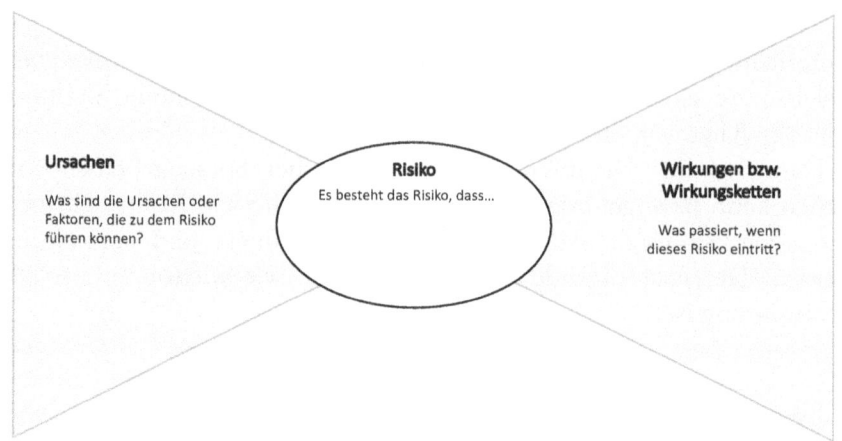

Abb. 3.6 Grundraster für eine Bow Tie-Analyse

aber viele Risikobeschreibungen verwässern diese Unterscheidung in der verbalen Darstellung des Risikos, und werden deswegen von den Adressaten der Risikoberichterstattung nicht verstanden.

Die Trennung von Ursachen und Wirkungen verbessert aber nicht nur die narrative Vermittelbarkeit des Risikos, sondern fördert auch die verbesserte Fokussierung auf risikosteuernde Maßnahmen. Oft, aber nicht immer, repräsentieren die Ursachen eines Risikos dessen wenig bis gar nicht beeinflussbare Ausgangslage. Präventiv orientierte Steuerungsmaßnahmen zielen tendenziell auf die Ursachen eines Risikos ab, während auf der Wirkungsseite eher die Wucht eines Risikoeintritts durch geeignete (reaktive) Maßnahmen verringert werden soll. Diese Aufteilung gibt allerdings nur eine Tendenz wieder, grundsätzlich sollten alle risikosteuernden Maßnahmen einen präventiven Charakter besitzen. Wo dies nicht einfach möglich ist oder nicht zweckmäßig erscheint, werden reaktive Maßnahmen der Schadensbegrenzung erwogen.

Schließlich soll noch auf die umweltliche Dynamik eingegangen werden. Insbesondere ab dem Jahr 2 der Inbetriebnahme der ERM-Funktion stellt sich die Frage, wie das Portfolio der unternehmenswesentlichen Schlüsselrisiken und Chancen erneuert und aktuell gehalten werden kann.

Die Entwicklung und laufende Aktualisierung werden gehemmt von einer Tendenz, jährlich dieselben Risiken und Chancen einfach als „weiterhin gültig" unverändert fortzuschreiben. Eine solche statische Betrachtungsweise ist jedoch im Gesundheitswesen selten mit der Realität in Einklang zu bringen. Während davon ausgegangen werden kann, dass bestimmte Risiken, z. B. ‚Medikationsfehler' oder ‚Eingriff auf der falschen Körperseite' dauerhaft auf der Liste bestehen werden, können Risiken auch wegfallen und neue hinzukommen. Beispiel: Die erfolgreiche Projektarbeit zu einem „Elektronischen Patientendossier" und Erfüllen aller diesbezüglichen Auflagen erlauben es, das entsprechende Risiko herunterzustufen. Andererseits stellen neue Tarifmodelle zur Abrechnung ambulanter oder stationärer Leistungen ein zwingend neu aufzunehmendes Risiko, ggf. sogar eines mit Chancenpotenzial, dar. Die ERM-Funktion stellt die laufende Verjüngung, Anpassung und Aktualisierung der zu bewirtschaftenden Risiken und Chancen sicher.

3.5 Stolpersteine

Nicht alles, was zunächst wie ein Risiko aussieht, ist auch ein Risiko. Manche der Themen, die auf der Leitungsebene diskutiert werden, sind vielmehr herausgeschobene Entscheidungsprobleme, betriebliche Herausforderungen, erkannte Schwachstellen oder generelle Unschlüssigkeit angesichts umweltlicher Dynamiken und Rahmenbedingungen. Diese Themen werden als Risiken bezeichnet, ohne jedoch der hier verwendeten Risikodefinition zu entsprechen. Beispiele für solche unechten Risiken sind ‚Einführung eines neuen Klinikinformationssystems' (Entscheidungsproblem) oder ‚Kooperation mit einer Reha-Einrichtung' (Strategiebildung) oder ‚Gestaltung von Anreizstrukturen im Gehaltssystem' (Organisationsentwicklung, Kostensenkung). Zwar sind die genannten keine echten Risiken, wohl aber lassen sich Risiken daraus ableiten. Es obliegt demnach der Erfahrung des leitenden Risikomanagers, diese Nuancen herauszuarbeiten.

Es wird empfohlen, zwischen Risiken, Entscheidungsproblemen und betrieblichen Herausforderungen in der Risikoidentifikation zu unterscheiden. Viele der während der Risikoidentifikation artikulierten Risiken werden tendenziell bestehende Schwachstellen oder Bedenken hinsichtlich ungünstiger Rahmenbedingungen adressieren. Auf operativer Ebene kann ein unzureichender und ineffizienter Geschäftsprozess (z. B. Leistungs-Abrechnungen) erwähnt werden. Da der Prozesseigner in diesem Fall eine negative Abweichung vom erwarteten Effizienzniveau wahrnimmt, wird diese ‚Lücke' oft als Risiko eingestuft. Davon ausgehend können eine Vielzahl von Maßnahmen diskutiert werden, um diese Lücke zu schließen und den Prozess effizienter zu gestalten, z. B.:

- Prozess-Redesign
- Erhöhung der IT-Unterstützung des Prozesses
- Reduzierung nicht wertschöpfender Prozessaktivitäten (Beseitigung von Aktivitäten, die Zeit und Ressourcen verschwenden)

Für den Risikomanager ist es wichtig zu erkennen, dass das derzeit niedrige Effizienzniveau eines Prozesses per se kein Risiko, sondern ein tatsächliches, betriebliches Problem darstellt. Das tatsächliche Risiko würde darin bestehen, dass die geplanten Maßnahmen zur Verbesserung der Prozesseffizienz nicht den gewünschten Effekt haben könnten.

Auf der eher strategischen Ebene könnte z. B. eine zu geringe Wachstumsrate der Fallzahlen erwähnt werden. Auch hier können viele mögliche Maßnahmen ergriffen werden, um die Wachstumsrate auf ein erwartetes oder ideales Niveau zu verbessern:

- Investieren in zusätzliches Humankapital
- Entwicklung neuer medizinischer Dienstleistungen

Das eigentliche Risiko dabei ist nicht die zu tiefe Wachstumsrate per se, sondern wieder, dass die geplanten Aktivitäten die anstehende Herausforderung nicht erfolgreich auf ein erforderliches oder erwartetes Wachstumsniveau bringen. Aus Sicht des Risikomanager sollte diese Herausforderung nicht direkt in den weiteren ERM-Prozess einbezogen werden.

Eine weitere Herausforderung in diesem Prozessschritt ist die Unterscheidung zwischen Entscheidungsproblemen und Risiken. Z. B. könnte das Unternehmen eine anstehende Entscheidung in Bezug auf die Implementierung eines neuen Patienteninformationssystems diskutieren. Der IT-Leiter könne es als Risiko betrachten, dass dieses IT-Projekt aufgrund zu geringer Priorität in der Direktion bzw. im Verwaltungsrat abgelehnt wird. Aus seiner Sicht würde das neue System die Effizienz vieler Prozesse deutlich verbessern und letztlich ein Wettbewerbsvorteil darstellen. Aus Sicht des Risikomanager ist dies jedoch kein traditionelles Risiko. Der Grund dafür ist, dass diese Entscheidung vollständig von der Organisation selbst kontrollierbar ist, d. h. es ist keine unerwartete oder unkontrollierbare Variabilität mit dieser Entscheidung verbunden.

Ein einfacher Test zeigt, ob es sich eher um ein Entscheidungsproblem oder eher um ein Risiko handelt. Dazu wird die folgende Frage beantwortet: „Ist es möglich und sinnvoll, einem vermeintlichen Risiko eine EW zuzuordnen?" Wenn die Antwort „nein" lautet, weil das Ergebnis durch die Entscheidung des Unternehmens vollständig kontrollierbar ist, dann ist es kein echtes Risiko. Risiken sind in der Regel mit einer Variabilität (Schwankung, Varianz) verbunden, auch wenn überhaupt nichts entschieden wird. Entscheidungsprobleme variieren nur im Sinne der Differenz zwischen dem Zustand vor und nach der Entscheidung, können aber ebenso entscheidend für den Erfolg sein wie „echte" Risiken.

Es wird empfohlen, dass der Risikomanager in der Risikoidentifikation anstehende Geschäftsentscheidungen nicht ignoriert, sondern sie separat als solche aufnimmt und klassifiziert. Die damit gewonnenen Erkenntnisse bestehen darin, nicht nur echte Risiken (mit Wahrscheinlichkeiten und Varianz) bei Entscheidungen über Risikominderungsstrategien zu berücksichtigen, sondern auch mögliche Veränderungen der Ausgangswerte (Planwerte) durch verschiedene Entscheidungsoptionen einzubeziehen.

Die Festlegung, an welche Zielgrößen der finanziellen Berichterstattung sich Risiken und Chancen anknüpfen lassen, wird durch eine weitere Überlegung tangiert: Proximate Wirkungen eines Risikoeintritts lassen sich vergleichsweise einfach einer Finanzposition zuordnen (z. B.

Bestellung qualitativ minderwertiger Verbrauchsmaterialien [Risiko] führt zu Mehraufwand in der entsprechenden Materialgruppe und Differenzbuchungen/Abschreibungen in der Lagerhaltung).

Die meisten Risiken jedoch ziehen komplexe, ultimate Wirkungsketten nach sich, die selten an Abteilungsgrenzen haltmachen. Damit einher geht, dass zusätzliche Positionen der Finanzbuchhaltung angesprochen werden (im Beispiel: Fehlerhaftes Fadenmaterial erhöht die Inzidenz nosokomialer Wundinfektionen und erfordert zusätzliche medizinische Leistungen, welche u. U. nicht auf einen Kostenträger abgerechnet werden können. Dies führt zu Mehraufwand und Ertragsausfall in der Gewinn- und Verlustrechnung/Erfolgsrechnung). Die an der Risikobewertung Beteiligten sind nicht immer in der Lage, sich solche komplexen Wirkungsketten gedanklich vorzustellen. Kognitive Verzerrungen, wie z. B. der „availability bias" limitieren die menschliche Vorstellungskraft.

Wenn zu ‚Risk Assessment Workshops' eingeladen wird, entsteht nicht selten ein Abwehrreflex. Risiken werden – aus Laiensicht – mit Negativem assoziiert, mit etwas Nicht-Wünschenswertem und einem Problem. Dabei stehen die „downside risks" im Vordergrund; der noch nicht mit der ERM-Methodik vertraute Teilnehmer denkt zunächst nicht an Aspekte des Handelns unter Unsicherheit und dem Verfolgen von Chancenpotenzialen. Es stehen die negativen Aspekte von Risiken im Vordergrund. Folglich werden Risiken negiert oder rationalisiert und die Beschäftigung mit Risiken wird als etwas Unangenehmes empfunden. Hier muss die ERM-Leitung proaktiv ansetzen und den übergeordneten Kontext der betriebswirtschaftlichen Entscheidungstheorie heranziehen und vermitteln.

Ein weiteres Element der Zurückhaltung seitens der Beteiligten entsteht bei der Frage nach der quantitativen, finanziellen Bewertung eines Risikos. Dies stellt zunächst eine hohe subjektive Hürde dar, insbesondere bei Beteiligten aus dem Kerngeschäft, welche im Rahmen ihrer Aufgaben nicht permanent an Kostenimplikationen, Aufwands- und Ertragspositionen der Buchhaltung und Strategieaspekte denken müssen. Als einfache Heuristik zur Bewältigung dieser subjektiven Hürde dienen monetäre Bandbreiten, in den sich das Risiko auswirken könnte. Als Bandbreite können Zehnerpotenzen der Schadenshöhe enorm hilfreich sein, um eine erste Einschätzung zu machen. Die Beurteilung, ob ein Risiko zwischen TEUR 100 und einer Million, zwischen 1 und zehn Millionen, 10 bis 100 Mio. oder darüber liegt, ist vergleichsweise einfach zu bewerkstelligen. Es sind mehr die anfänglichen, subjektiven Bedenken und Empfindungen der Menschen, die ein Risiko bewerten, mit denen umzugehen ist.

Schließlich steht ein weiterer, menschlicher Beharrungseffekt der Forderung im Weg, mindestens im Jahresrhythmus eine Neueinschätzung der Lage vorzunehmen und sich gedanklich auch neuen Risiken gegenüber zu öffnen. Die vermeintlich einfachere Variante wird gerne bevorzugt, dabei werden bestehende Risiken und Chancen einfach unverändert fortgeschrieben. Der Aufwand für eine echte Reflektion und Auseinandersetzung mit veränderten Rahmenbedingungen wird gescheut.

Diese Reflektion aber ist eine zentrale Voraussetzung für eine regelmäßige Verjüngung und Aktualisierung des Risikoportfolios. Die ERM-Leitung muss diesem Beharrungseffekt entgegentreten und aktiv ein regelmäßiges Neudenken der Exposition einfordern.

3.6 Zusammenfassung der Aktivitäten (Checkliste)

Folgende Aufzählung fasst die in diesem Kapitel besonders wichtigen Aspekte der Risikoidentifikation zusammen:

- Unternehmerische Zielgrößen als Anknüpfpunkte für Chancen und Risiken auswählen
- Erweiterung des FIS um Informationen des ERM, z. B. Gesamtrisikoaggregation, vornehmen
- Flughöhe der zu betrachtenden Risiken und Chancen bestimmen
- Zentrale Begriffe definieren und mit existierenden Begriffswelten abgleichen, Gemeinsamkeiten und Unterschiede feststellen
- Fachexperten aus Kliniken, Abteilungen und administrativen Bereichen in den ERM-Prozess einbinden

- Unterscheidung von Ursachen und Wirkungen bzw. Wirkungsketten beachten
- Bereichsübergreifende Wirkungsketten erkennen
- Heuristiken bei der quantitativen Erstbewertung verwenden
- Wahrnehmungsverzerrungen erkennen und moderieren
- Offenheit des Risiko-/Chancenportfolios für umweltliche Dynamiken sicherstellen
- Zyklus zur regelmäßigen Anpassung und Aktualisierung des Risiko-/Chancenportfolios etablieren

---

Transfer in die Praxis

- Wollen Sie ein fokussiertes Risikoinventar erstellen, welches die wirklich wichtigen Themen erfasst und die Aufmerksamkeit der Leitungsebene auf relevante Risiken lenkt?
- Benötigen Sie ein wirksames Arsenal an Methoden und Werkzeugen, wie Risiken beschrieben, bewertet und kategorisiert werden können?
- Wie erfolgt in Ihrem Krankenhaus (alt: «in Ihrer Organisation») die Festlegung, welche Risiken und Chancen durch die Direktion intensiv bearbeitet werden? Welche Kriterien stehen zur Verfügung, um diese Auswahl zu machen?
- Wie stellen Sie komplexe Wirkungsmechanismen von Risiken so dar, dass die Direktion die bereichsübergreifende Komplexität erfassen kann und nicht vom Tagesgeschäft abgelenkt wird?

Literatur

Grundy, T. (2006) Rethinking and reinventing Michael Porter's five forces model. *Strategic Change, 15*(5), 213–229.

Hunziker, S. (2021). *Enterprise risk management – Modern approaches to balancing risk and reward.* Springer Verlag.

Hilsbos, A.; & Hunziker, S. (2021). Der risk intake prozess. *Rethinking Finance*, Nr. 1/2021.

4

Risikoanalyse und -steuerung

> **Was Sie aus diesem Kapitel mitnehmen**
>
> - Verfeinerte Analyse von Risiken durch Szenario-Entwicklung
> - Quantifizierung der Szenarien
> - Ermitteln der Gesamt-Risikoexposition der Organisation
> - Praktische Empfehlungen und Checklisten zur sofortigen Umsetzung Ihres ERM-Systems
> - Vermeiden von Stolpersteinen und Hinweise auf bewährte Methoden
> - Techniken für das Formulieren zweckmässiger Massnahmen der Risikosteuerung

4.1 Risikobewertung

Nachdem in den vorherigen Prozessschritten Risiken identifiziert und verbal beschrieben und dokumentiert worden sind, dient die Risikobewertung der quantitativen Einordnung der Risiken hinsichtlich ihrer Eintrittswahrscheinlichkeiten und Schadenshöhen. Chancen werden mit ihrem Erfolgspotenzial bewertet. Mit der Bewertung werden Risiken aller Unternehmensbereiche auf eine (oftmals finanzielle)

Größenordnung normiert und damit vergleichbar gemacht. Während operative Risikomanagement-Systeme meistens mit einer einfachen Punktbewertung auskommen, empfiehlt sich für komplexere Risikoverläufe, die bei den wesentlichen Unternehmensrisiken des ERM zu erwarten sind, die etwas aufwendigere Szenarioanalyse.

Die COVID-19 Pandemie hat eindrucksvoll gezeigt, wie eine einzelne Risikoursache (Virus) komplexe und vielschichtige Auswirkungen auf Organisationen, die Gesellschaft und ganze Volkswirtschaften haben kann. Die Entwicklung von Risikoszenarien, welche die Ursache-Wirkungsketten umfassend beschreiben und Abhängigkeiten zu anderen Risiken berücksichtigen, wird zunehmend wichtiger. COVID-19 als Risikoursache hat zu technischen, regulatorischen und finanziellen Folgerisiken geführt. Organisationen müssen sich während der COVID-19 Pandemie mit den Auswirkungen umfangreicher politischer Maßnahmen, sowie der zunehmenden Gefahr von Cyberangriffen auseinandersetzen und Coworking als Chance für flexible Arbeitsmodelle evaluieren.

Eine Konzentration auf die kurzfristigen Folgen der Pandemie wird zur Risikobewältigung nicht ausreichen. Einige der Folgerisiken sind mehr oder weniger kurz hintereinander eingetroffen, was in der Kombination zu desaströsen Folgen geführt hat (und noch führen wird). Viele Organisationen haben sich vor der COVID-19 Pandemie nicht oder zu wenig konkret mit dem Pandemierisiko auseinandergesetzt bzw. die negativen Folgen für das eigene Organisationen deutlich unterschätzt. In Zukunft werden Risikomanager stärker in ihrer Kreativität gefordert, solche ‚dread risks' in realitätsnaher, pragmatischer Weise als gut durchdachte Risiko-Szenarien zu antizipieren; zu bewerten und ein Set an möglichen Bewältigungsmaßnahmen für den Notfall zu entwickeln.

Erst eine angemessene Quantifizierung aller Risikokategorien ermöglicht eine sinnvolle Priorisierung, Bewertung und Steuerung von Risiken und Chancen. Da die bekannten Techniken des finanziellen Risikomanagements nicht ohne Weiteres auf andere Risikokategorien übertragen werden können, findet eine Quantifizierung anderer Risiken nicht statt. Darüber hinaus werden weitere Argumente gegen eine Risikoquantifizierung ins Feld geführt, z. B. fehlende historische Daten,

Komplexität der Risiken, Nichtanwendbarkeit stochastischer Modelle und Ungenauigkeit. Andere Ansätze, wie z. B. Szenarioanalysen oder die Fehlermöglichkeits- und Einflussanalyse (FMEA), die sich auf menschliche Intuition und Fachwissen stützen, werden nicht oder zu wenig genutzt.

4.2 Szenarioanalyse

Szenarioanalyse näher beleuchtet
Spezialdisziplinen wie z. B. Wetterdienste oder die Pandemieforschung nutzen Szenarien, um zukünftige Entwicklungen zu modellieren und deren verschiedene Ausprägungen und Wirkungen zu vergleichen. Diese Technik hat das ERM übernommen, um Darstellung, Prognosefähigkeit und Aussagekraft ihrer Ergebnisse zu verbessern.

Der breiten Öffentlichkeit ist die Technik der Szenarioanalyse spätestens seit der COVID19 Pandemie geläufig. Unter dem Stichwort ‚Brechen der Kurve' sehr populär wurden Modellrechnungen, in denen die Entwicklung der Covid-19-Fallzahlen visuell dargestellt wird. Diese Kurvenverläufe wurden der verfügbaren Bettenkapazität der Intensivpflegestationen gegenübergestellt und es wurde der Versuch unternommen, die Zahl der Hospitalisierungen unter dieser Kapazitätsgrenze zu halten. Die Modelle wurden von Medien übernommen und dem Publikum teilweise sehr eingängig und nachvollziehbar vermittelt.

Von daher ist die Technik der Szenarioanalyse den am ERM Beteiligten nicht mehr so fremd und neuartig wie noch vor der COVID19 Pandemie. Das Vorwissen ist gestiegen und die Technik kann, unter Verwendung der Coronabeispiele, leicht vermittelt werden. Es bestehen jedoch bedeutende Unterschiede zwischen der Szenarioanalyse im ERM-Kontext und derjenigen der COVID19 Pandemie. Bei letzterer werden die Szenarien bzw. die prognostizierten Kurvenverläufe von Covid-Fallzahlen als Funktion der vorgeschlagenen, zukünftigen Maßnahmen (Läden- und Schulschließungen, Maskenpflicht, Abstandsregelungen etc.) formuliert.

In der Szenarioanalyse der ERM-Methodik ist das nicht unbedingt der Fall. Häufig werden risikosteuernde Maßnahmen explizit aus der Modellierung der Szenarien ausgeschlossen. Der Grund liegt darin, dass zum Zeitpunkt der Szenarioanalyse die Maßnahmen noch gar nicht identifiziert, beschrieben, genehmigt und geplant wurden. Insbesondere fehlen Aussagen über die Wirkung der Maßnahmen, z. B. ob und wie diese auf die Eintretenswahrscheinlichkeit oder das Schadensausmaß des jeweiligen Risikos Einfluss nehmen. Annahmen über solche Maßnahmen können also noch gar nicht ins Kalkül aufgenommen werden. Technisch betrachtet ist ein Risikoszenario nichts weiter als ein Datentupel mit Werten für ‚Eintrittswahrscheinlichkeit', ‚Zielabweichung' und, optional, die ergänzende ‚verbale Beschreibung des Szenarios'. Die Summe der Eintrittswahrscheinlichkeiten aller Szenarien eines Risikos beträgt 100 %, wenn bei der Modellierung unterstellt wird, alle möglichen Zielzustände in der Betrachtung zu berücksichtigen. (Dies ist jedoch keine notwendige Bedingung. Szenarioanalyse kann sich auch auf die wahrscheinlichsten Szenarien beziehen, ohne Anspruch auf Vollständigkeit bzw. unter Ausblenden sehr unwahrscheinlicher Zustände.)

Abb. 4.1 zeigt eine mögliche Szenarioanalyse für zwei Risiken, eines mit nur negativer Schadenswirkung (‚downside risk'), eines mit hybridem Charakter, d. h. mit zwei Szenarien mit Schadenswirkung und zwei Szenarien mit positiver Zielabweichung (‚upside risk'). Jeweils werden vier Szenarien (Datentupel) geplottet, die Gesamt-Eintrittswahrscheinlichkeit beträgt 100 %.

Die Visualisierung der Szenarien erleichtert das intuitive Sich-Vorstellen des Risikos, ggf. auch mit Hinblick auf Chancenpotenziale. Szenarien sind Hilfs-Konstrukte, die eine unsichere Zukunft in diskrete, quantitativ beschreibbare Abschnitte unterteilt. Auch wenn in der Realität keines der entworfenen Szenarien exakt so eintreten wird, hilft die Szenarioanalyse bei der – im Vergleich zu einem Einzelwert präziseren – Charakterisierung eines Risikos. Sie bietet eine anschauliche Möglichkeit, eine diskrete Variable (prognostizierte, zukünftige Zielabweichungen) in handhabbare und damit der Risikosteuerung zugängliche Abschnitte, die Szenarien, zu unterteilen.

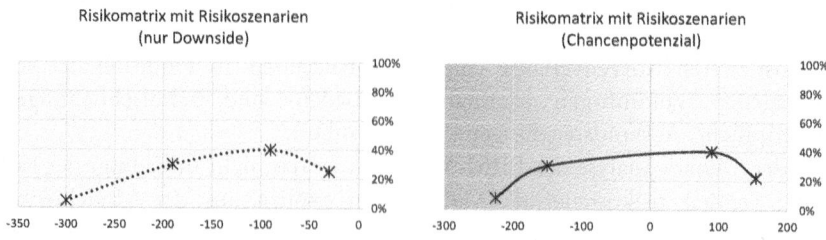

Abb. 4.1 Risiken und ihre Risikoszenarien

Ebenfalls nicht zu unterschätzen ist die Bedeutung der Szenarien im nachfolgenden Schritt, der Gesamtrisikoaggregation. Dort tragen Szenarien zu einem deutlich verbesserten Zusammenhang bei der ganzheitlichen Unternehmenssteuerung auf Basis der Erkenntnisse des ERM-Systems.

4.2.1 Quantitative Szenarioanalyse

Alle Risiken, die durch den Schritt Risikofilter auf Stufe Gesamtunternehmen als potenziell relevant eingestuft wurden, werden einer quantitativen Szenarioanalyse unterzogen. Dies betrifft auch Risiken, die aus dem Kerngeschäft stammen, wie z. B. Patientenschädigungen. Der Grund dafür ist, dass Risiken nur gesamtheitlich gesteuert, verglichen und priorisiert werden können, wenn eine gemeinsame, konsistente Bewertungsgrundlage gelegt wird. Ein Beispiel soll dies verdeutlichen: Patientenschädigungen können zu höheren Behandlungskosten und Versicherungsprämien, Haftungsansprüchen, Reputationsverlusten, Patientenunzufriedenheit und mittelfristig auch zu sinkenden Fallzahlen führen. Dementsprechend sind Patientenschädigungen als schwerwiegende unternehmerische Risiken einzustufen, die ein hohes finanzielles Risiko aufweisen können.

4.2.2 Szenarioentwicklung für Schlüsselrisiken

Alle Schlüsselrisiken werden von den Risikoeignern in Zusammenarbeit mit dem Leiter Risk Management anhand einer Szenarioanalyse vertieft untersucht. Neben dem bisher in der quantitativen Risikobewertung beurteilten glaubwürdig schlimmsten Fall (GSF, vgl. Abschn. 4.2) sind je Schlüsselrisiko zusätzlich drei weitere Szenarien (moderatpessimistisch, moderat-optimistisch und optimistisch) zu entwickeln, zu beschreiben und zu bewerten. Die Schlüsselrisiken werden auf Wechselwirkungen geprüft und in deren Bewertung ggf. angepasst.

Die Risiken können voneinander abhängen, teilweise beeinflussen sie sich gegenseitig und werden dadurch verstärkt oder vermindert. Im ERM-Ansatz werden Risikointerdependenzen vom Leiter Risk

Management mit Unterstützung der Risikoeigner explizit eingeschätzt. Somit wird eine gesamtheitliche, realistische Risikobetrachtung ermöglicht.

Die optimistischen Szenarien können zwei verschiedene Situationen reflektieren, je nach Risikotyp:

- Bei strategischen Risiken können die optimistischen Szenarien auch Chancen bedeuten. Das heißt, das z. B. Erträge höher ausfallen als geplant (Chance)
- Bei Risiken ohne Chancenpotenzial (z. B. Datenverlust) gibt es keine eigentlichen optimistischen Szenarien (keine Chancen)
- Die Wahrscheinlichkeiten der einzelnen Szenarien können in Summe nicht über 100 % sein.
- Risikoszenarien weisen in der Regel eine geringere Eintrittswahrscheinlichkeit auf als das ‚Planszenario'.
- In Bereichen, wo eine quantitative Bewertung nicht einfach durchführbar ist, wird eine bestmögliche, plausible Annäherung durch den Risikoeigner mit Hilfe von Risikofachexperten vorgenommen (z. B. Patientensicherheit). Im Grundsatz ist es besser, ein Risiko nach besten verfügbaren Informationen zu quantifizieren, als es überhaupt nicht zu bewerten.
- Es kann sein, dass die ursprüngliche Ersteinschätzung aus einem früheren Prozessschritt (Risikoidentifikation) durch die exaktere Szenario-Entwicklung angepasst wird.

Abb. 4.2 illustriert einen Vorschlag, wie die Schlüsselrisiken anhand von Szenario-Analysen bewertet und dargestellt werden können.

4.2.3 Auswirkung auf die Unternehmenssteuergrösse

Nachdem alle Schlüsselrisiken mittels einer quantitativen Szenarioanalyse bewertet wurden, kann ein Überblick über die finanzielle Auswirkung der jeweiligen glaubwürdig schlimmsten Fälle (GSF) mit konsistenter Bewertung auf eine relevante Steuergröße (z. B. EBITDAR) erzeugt werden.

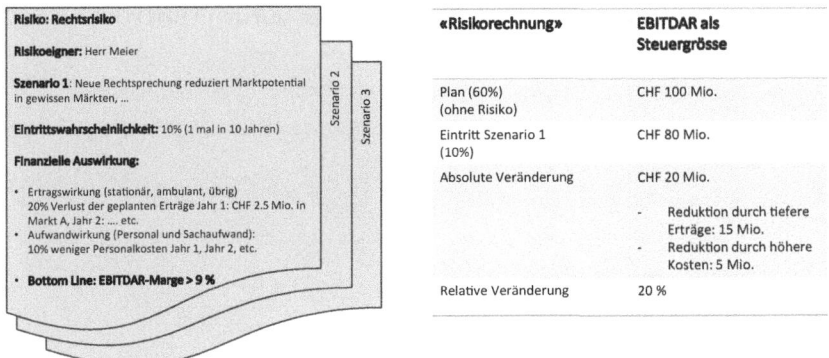

Abb. 4.2 Szenario-Entwicklung der Schlüsselrisiken (in Anlehnung an Segal, 2011)

Ein solches, vergleichendes Ranking aller individuell bewerteten Risikoszenarien aller Schlüsselrisiken lässt eine Sensitivitätsanalyse (Stresstest) der Unternehmenssteuerungsgröße (z. B. EBITDAR) zu. Dies kann in relativer oder absoluter Art und Weise erfolgen. Abb. 4.3 zeigt dazu ein Beispiel:

4.2.4 Tipps und Gestaltungsempfehlungen

Risiken und Chancen als einzelne Datenpunkte in einer zweidimensionalen Matrix mit den Achsen Eintrittswahrscheinlichkeit und Zielabweichung pos./neg. zu plotten, stellt eine problematische Verkürzung der Aussagekraft des ERM-Systems dar. Falls ein Risiko eintritt, wird dies selten als Punktlandung auf dem entsprechenden Eintrag des Risikoportfolios geschehen. Ein Risiko verhält sich selten digital in der Form „es tritt ein" oder „es tritt nicht ein". Gleichermaßen wäre es ein seltener Zufall, wenn die tatsächliche Zielabweichung mit der Schätzung übereinstimmte.

Vielmehr manifestieren sich Risiken in der Realität in höchst unterschiedlicher Bandbreite. Ein Beispiel ist die jährliche Grippewelle, die auf der Nordhalbkugel regelmäßig zwischen Januar und März beobachtet werden kann. Das entsprechende Risiko ‚Betriebsbeein-

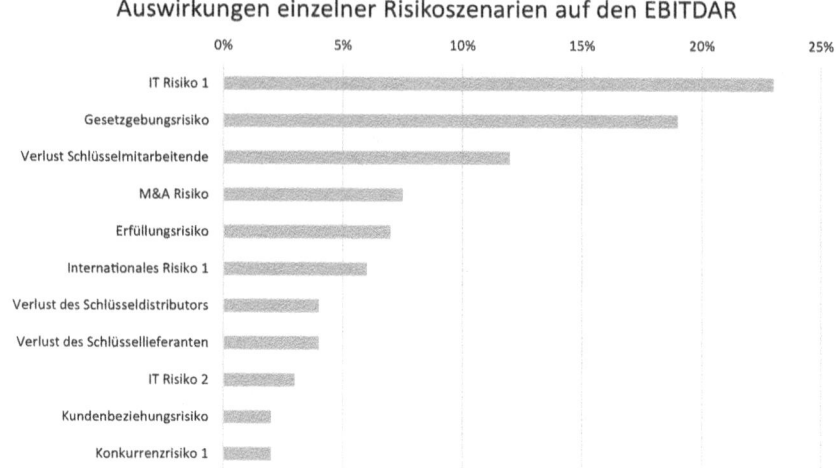

Abb. 4.3 Beispiel zur Messung des «Wertbeitrags» pro Einzelrisiko (in Anlehnung an Segal, 2011)

trächtigungen durch Auswirkungen der Influenzasaison' kann milde verlaufen mit nur wenigen Hospitalisierungen und geringen Auswirkungen auf die Intensivpflege- und Notfallstationen, es sind aber auch epidemieartige Verläufe denkbar, wenn ein neuartiger Virenstamm zu einer außergewöhnlich hohen Inzidenz und Überlastung der Bettenkapazität führt. D. h., das exakt gleiche Risiko kann höchst unterschiedliche Wirkungen zu unterschiedlichen Zeiträumen und Schweregraden nach sich ziehen. Dies wird im ERM-System durch die Szenarioanalyse abgebildet (vgl. Abb. 4.4).

Szenarien im ERM-Kontext sind alternative, antizipierte Zustände in der Zukunft. Es wird versucht, den kontingenten Risikoeintritt mit diskreten Szenarien zu beschreiben. Diese Technik erfordert seitens der beteiligten Risikofachexperten einen erhöhten gedanklichen Aufwand, es sind gegenüber der anfänglichen Modellierung des glaubwürdig schlimmsten Falls weitere, alternative Zustände zu durchdenken. Jeder dieser Zustände muss mit eigener Eintrittswahrscheinlichkeit und Zielabweichung quantitativ und durch eine geeignete Beschreibung qualitativ beschrieben werden.

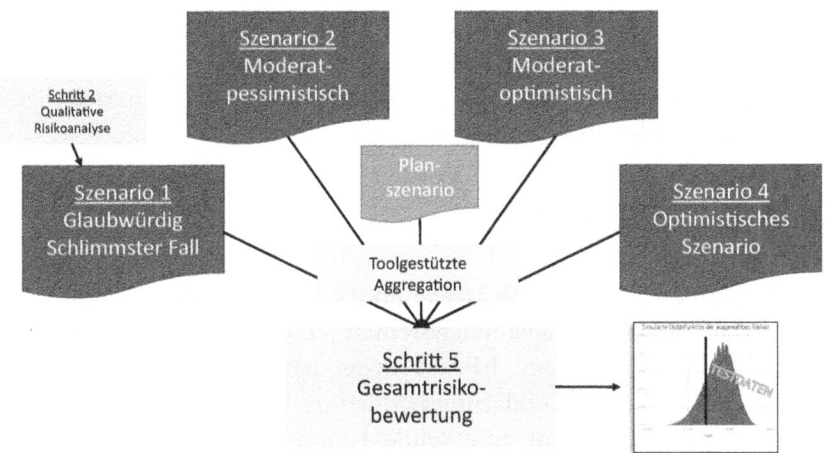

Abb. 4.4 Szenariotechnik

Aufgrund des erhöhten Modellierungsaufwands bei der Bildung der Szenarien muss sorgfältig ausgewählt werden, welche Risiken und Chancen dieser Analyse unterzogen werden sollen. Primär bieten sich die wesentlichen Risiken und Chancen aufgrund ihrer strategischen Relevanz an. Auch sollten Risiken und Chancen berücksichtigt werden, bei welchen von großen Bandbreiten möglicher Zielabweichungen ausgegangen werden kann. Umgekehrt kann bei eher operativ ausgerichteten Risiken auf eine Szenarioanalyse verzichtet werden.

Der Risikomanager unterstützt die Selektion von Risiken und Chancen für eine Szenarioanalyse durch eine einfache Kosten-Nutzen-Abwägung. Die Kostenseite wird durch den benötigten Stundenaufwand der beteiligten Risikofachpersonen für die Erstellung, Dokumentation und Bewertung der Szenarien geschätzt. Die Nutzenseite wird durch Vorteile bei der nachfolgenden Gesamtrisikoaggregation und für die Auswahl geeigneter risikosteuernder Maßnahmen bestimmt. Während die Simulationsverfahren der Gesamtrisikoaggregation durch die Szenarioanalyse zusätzliche Datentupel erhalten und damit präzisere Ergebnisse ermöglichen, entstehen bei der Bestimmung von Maßnahmen Vorteile, je genauer ein Risiko mit dessen Szenarien ausmodelliert wurde.

In der Praxis hat sich eine Zahl von drei bis fünf Szenarien pro Schlüsselrisiko bzw. -chance bewährt. Der Aufwand zur Erstellung ist dabei noch überschaubar. Eine größere Anzahl von Szenarien liefert dagegen nur noch eine Scheingenauigkeit.

4.2.5 Stolpersteine

Die Szenarioanalyse der ERM-Methodik wird in eher operativ ausgerichteten Risikomanagementsystemen i. d. R. nicht verwendet. Dadurch ist sie den am ERM-Prozess beteiligten Akteuren nicht unbedingt vertraut. Als erklärungsbedürftige Dienstleistung der ERM-Funktion muss daher auf eine solide Kommunikation der Ziele und Vorgehensweise bei der Szenarioanalyse geachtet werden.

Zu vermeiden sind diese möglichen Missverständnisse:

- Szenarien werden mit der Realität verglichen und von den Beteiligten als zu abstrakt oder unrealistisch empfunden. Die mangelnde Vorstellungskraft der Beteiligten bzw. eine Form des ‚availability bias' setzt der Risikobewertung zu engen Grenzen.
- Der glaubhaft schlimmste Fall wird als unrealistisch eingestuft, folglich scheut man sich, diesen ernsthaft in das Risikoportfolio der eigenen Organisation aufzunehmen, die Risikoaversion der Akteure stellt dabei eine Hürde dar.
- Die Adressaten der ERM-Berichterstattung verstehen nicht, dass Szenarien plausible, aber oft dennoch eher willkürliche Einteilungen des zukünftigen Ereignisraums darstellen.
- Die Szenarien werden nur halbherzig ausformuliert und stellen keine brauchbare Basis für die Bestimmung von Maßnahmen zur Risikobewältigung dar.
- Szenarien werden bereits mit Hinblick auf zukünftig zu implementierenden Maßnahmen, die aber noch gar nicht existieren, modelliert. Die risikosteuernde Wirkung solcher Maßnahmen wird bereits eingepreist.
- Chancenpotenziale von Risiken werden nicht erkannt. Die Akteure erkennen den hybriden Charakter des Risiko-Chancen-Gefüges nicht.

4.2.6 Zusammenfassung der Aktivitäten (Checkliste)

Folgende Aufzählung fasst die in diesem Abschnitt besonders wichtigen Aspekte der Szenarioanalyse zusammen:

- Konzeption der Szenarioanalyse allen Beteiligten vermitteln, Beispiele unterstützend einsetzen
- Risiken und Chancen auswählen, die einer Szenarioanalyse unterzogen werden sollen
- Ziel und Vorgehensweise der Szenarioanalyse gut kommunizieren
- Szenarien basierend auf dem GSF entwickeln durch sukzessives Verändern der Erwartungen und Ausgangslage (Anknüpfen an die ‚Bow-Tie-Analyse' im Schritt ‚Risikoidentifikation')
- Szenarien graphisch darstellen und damit einen visuellen Charakter ermöglichen

4.3 Risikoaggregation

4.3.1 Gesamtrisikobewertung

Mittels einer Quantifizierung des gesamten Risikoumfangs (Monte-Carlo-Simulation) werden die Schlüsselrisiken zu einem Gesamtrisikowert aggregiert. Sie repräsentiert alle möglichen risikobedingten Zustände der Zukunft über einen spezifischen Zeitraum (je nach ERM-Berichterstattungs-Zyklus), also:

- Plan wird vollständig erreicht (kein Risiko tritt ein)
- Ein Risikoszenario tritt ein, alle anderen nicht
- Zwei Risikoszenarien treten ein, alle andere nicht
- Drei Risikoszenarien treten ein, alle anderen nicht.
- usw.

Die Kriterien der Praktikabilität dieser empfohlenen Vorgehensweise werden kurz hervorgehoben:

- Zuverlässigkeit: Die Anzahl der relevanten Risiken ist gering zu halten (20–30 Risiken in der Regel, was durch obige Filterfunktion erreicht wird). Ein pragmatischer und einfacher Ansatz der Bewertung reduziert die Fehler und macht die gesamte Risikobewertung zuverlässiger.
- Geschwindigkeit: Damit Entscheidungen unterstützt werden können, muss die Bewertung einfach und schnell die aktuelle Situation widerspiegeln können. Der Ansatz darf nicht träge sein, sonst verliert er seine Berechtigung.
- Transparenz: Die Direktion und der Verwaltungsrat müssen den Ansatz verstehen können. Z. B. können konkrete individuelle, durch den Menschen (Risikoeigner, Risikofachexperten) entwickelten Szenarien einfach überprüft werden.

Der ermittelte Gesamtrisikoumfang ermöglicht es, das ERM mit der Unternehmensplanung zu verknüpfen, da durch den Gesamtrisikowert die Auswirkung der Risiken auf die Unternehmensplanung erkennbar wird. Zudem kann der Gesamtrisikowert mit dem definierten Risikoappetit abgeglichen und die Wertentwicklung über mehrere Jahre hinweg verglichen werden (vgl. Abb. 4.5).

Die Aggregation durch eine Monte-Carlo-Simulation ermöglicht ein Gesamtbild aller zukünftigen risikobehafteten Szenarien. Sie grenzt sich damit von der Sensitivitäts- und einfachen Szenarioanalyse ab. Bei dieser Risikokonsolidierung geht es darum, die Risiken der unterschiedlichen Managementsysteme auf derselben Hierarchieebene zu einem konsolidierten Risikoinventar zusammenzufassen. Der Leiter Risk Management legt die Details im Umsetzungskonzept zum ERM fest.

Folgende Ergebnisse liegen nach dem Prozessschritt ‚Gesamtrisikobewertung' vor:

- Alle individuellen, quantifizierten Szenarien für die relevanten Risiken mit jeweiliger EW und finanzieller Auswirkung (Nettosumme aus Erträgen und Kosten) – diese Daten sind bereits aus dem vorhergehenden Prozessschritt der Einzelrisikobewertung vorhanden sowie einer groben Schätzung der paarweisen Szenario-Abhängigkeiten (Korrelationen, siehe unten).

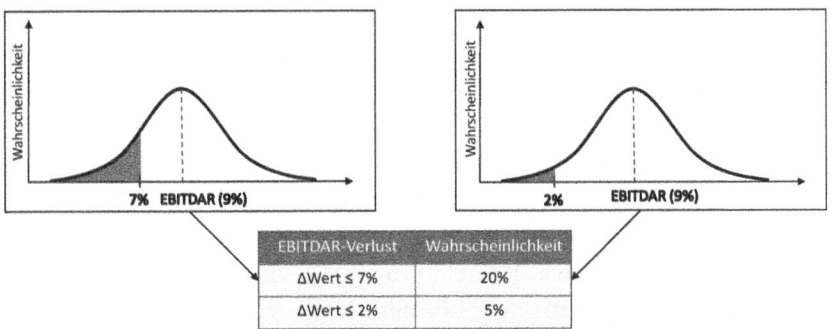

Abb. 4.5 Abgleich des Gesamtrisikowerts mit dem Risikoappetit (in Anlehnung an Segal, 2011)

Tab. 4.1 Beispiel quantifizierte Risikoszenarien eines Schlüsselrisikos

Szenario	Eintrittswahrscheinlichkeit pro Jahr	Finanzielle Auswirkung (EUR/CHF)
Schlimmster Fall	5 %	1.000.000
Pessimistisch	15 %	200.000
Plan	60 %	0
Optimistisch	15 %	100.000
Sehr optimistisch	5 %	500.000

- Das Planszenario („kein Risikoeintritt') ist mit einer Wahrscheinlichkeit von 100 % − (Summe einzelner Szenarien) berechnet. Tab. 4.1 illustriert ein Beispiel:

- Schätzung von Risikoabhängigkeiten (Korrelationen) über jedes individuelle Paar von Szenarien durch Experten (Risikoeigner, zusammen mit Risikofachexperten und Leiter Risk Management). Insbesondere hat die Finanzkrise gezeigt, dass extreme Szenarien (Eintritt von z. B. zwei schlimmsten Fällen) viel stärker korrelieren als durch stochastische Korrelationen angenommen. Die überwiegende Mehrheit der einzelnen Risikoszenario-Kombinationen ist jedoch unabhängig, d. h. sie sind unkorreliert und haben eine Korrelation von Null.

- Korrelationen liegen in einfacher und pragmatischer Form von −1, −0.5, 0, 0.5, 1 vor. Z. B. bedeutet eine perfekte positive Korrelation (+1), dass beide Risikoszenarien gleichzeitig auftreten (z. B. Brand und Produktionsausfall). Die Wahrscheinlichkeit in der Simulation wird erhöht für diese Kombination. Allerdings deutet eine perfekte Korrelation darauf hin, dass die entsprechenden zwei Risikoszenarien zu einem Szenario zusammengefügt werden sollten. Hingegen sagt eine perfekte negative Korrelation (−1) aus, dass beide Risiken nicht gleichzeitig auftreten können (z. B. Produktionsausfall und Produktion von Fehlchargen). Die Wahrscheinlichkeit für dieses Simulationsergebnis ist folglich 0.
- Geschätzte Wahrscheinlichkeiten der Simulation: Grundsätzlich werden die EW von jedem Risikoszenario mit einem anderen Risikoszenario multipliziert und um dem Korrelationsfaktor angepasst.
- Viele Interaktionseffekte werden bereits bei der Szenario-Entwicklung berücksichtigt, was in der realen Welt auch tatsächlich passieren kann als Folgewirkung einer Risikoursache. Z. B. kann davon ausgegangen werden, dass ein sehr pessimistisches Pandemie-Risikoszenario ein Konjunkturabschwung-Szenario auslöst, das dann wiederum eigene und weitere kaskadierende Auswirkungen und Implikationen hat, die direkt in das Pandemie-Risikoszenario eingebettet werden. Somit sind wichtige Interaktionseffekte (Korrelationen) direkt im Pandemie-Szenario abgebildet (vgl. Segal, 2011).
- Geschätzte Wahrscheinlichkeiten der Simulation: Gesamtrisikoverteilung als Grafik, vgl. Abb. 4.5. Diese muss auf verschiedene Kennzahlen bezogen ausgewertet werden können, z. B. EBITDAR, Erträge, oder Eigenkapital.
- Gesamtrisikoverteilung in Tabellenform

Der Gesamtrisikowert wird mit dem Risikoappetit (gemäß Risikopolitik) abgeglichen, um potenzielle Maßnahmen ableiten zu können.

4.3.2 Tipps und Gestaltungsempfehlungen

Die Risikoaggregation ist ein Verfahren zur Ermittlung des Gesamtrisikoprofils der Institution. Sie ermöglicht den Vergleich mit dem durch die oberste Leitungsebene festgelegten Risikoappetit. Technisch erfolgt die Risikoaggregation durch ein softwaregestütztes Simulationsverfahren, welches iterativ die Datentupel der Risikoszenarien durchspielt und bei jeder Iteration unterschiedliche Kombinationen des Risikoeintritts simuliert.

Beim Vergleich mit dem Risikoappetit treten zwei mögliche Fälle auf:

- Der ermittelte Risikoumfang unterschreitet den Risikoappetit.
- Der ermittelte Risikoumfang überschreitet den Risikoappetit.

Die Handlungsalternativen, was als nächstes geschehen soll, unterscheiden sich dementsprechend. Bei überschrittenem Risikoappetit ist mit zusätzlichen risikosteuernden Maßnahmen zu rechnen als in einer Situation, welche den Risikoappetit nicht ausschöpft.

4.3.3 Stolpersteine

Die simulationsbasierte Gesamtrisikoaggregation verlässt den Boden empirischer Messwerte oder exakter Zahlen aus der betrieblichen Realität zugunsten einer stochastischen, wahrscheinlichkeitsbasierten Erkenntnisebene. Normalerweise mit Reports von Ist- und Planzahlen belieferte Entscheider werden nun mit Punktewolken, graphischen Verteilungen unterschiedlicher Gewichtung und Wahrscheinlichkeit, Konfidenzintervallen und anderen, diffus wirkenden Informationen konfrontiert.

Obschon grundsätzlich das Bewirtschaften von Chancen und Risiken mit Unsicherheiten bezüglich der Zukunft verknüpft ist und dies den Entscheidern eigentlich vertraut sein sollte, sind die Simulationsergebnisse mit ihren Wahrscheinlichkeitsaussagen, Konfidenzintervallen, finanzmathematischen Kennzahlen und Fehlerbereichen nicht allen beteiligten Akteuren geläufig und wirken im ersten Moment sogar abschreckend. Dies muss durch den Risikomanager gut vermittelt werden, damit keine falschen Schlüsse aus der Gesamtrisikoaggregation gezogen werden.

Die Aussagekraft der Gesamtrisikoaggregation ist nur so gut wie die zugrunde liegende Datenbasis. Dies mag eine Binsenweisheit sein, jedoch ist nicht zu vernachlässigen, dass bereits bei der Szenarioanalyse Annahmen hinsichtlich Eintrittswahrscheinlichkeiten und monetärer Zielabweichung getroffen werden, welche durch Simulationsverfahren u. U. verstärkt werden. Solche Annahmen sind bei der Modellbildung zweckmäßig und vorteilhaft, sie stellen aber auch methodische Risiken dar und damit die Grenzen der Methodik.

Ein häufig zu beobachtender Wahrnehmungsfehler wird deutlich, wenn von ‚allen' Risiken gesprochen wird. Damit wird impliziert, dass sich Risiken vollständig erkennen lassen und sämtlich identifiziert und in das Simulationsmodell der Risikoaggregation aufgenommen wurden. Der Sprachgebrauch ‚alle Risiken' ist jedoch mehrdeutig, denn er kann sich auf die identifizierten Risiken und Chancen beziehen, welche im Risikoinventar der Institution enthalten sind, oder man inkludiert auch nicht identifizierte Risiken der Organisation. Letztere sind systematisch nicht im Risikoinventar enthalten, sondern stellen eine unbekannte Residualgröße dar.

Bei einer Veröffentlichung der Ergebnisse der Gesamtrisikosituation innerhalb der Institution besteht die Gefahr, dass bei Fehlen von Kontextwissen zur Simulation und der ERM-Methodik allgemein, die Ergebnisse nicht eingeordnet werden können und falsch interpretiert werden. Der Risikomanager muss den Adressatenkreis so wählen, dass der Raum für Fehlinterpretationen und falsche Schlüsse möglichst klein bleibt. Dies ist umso wichtiger, weil die Gesamtrisikoaggregation auch in den Kontext des Risikoappetits der Institution gestellt wird. Strategisch relevante Informationen wie der Risikoumfang der Organisation werden u. U. nur an einen kleinen Adressatenkreis ausgegeben. Der Risikomanager stimmt die Vorgehensweise auf interne Vorschriften und die Unternehmenskultur ab.

4.3.4 Zusammenfassung der Aktivitäten (Checkliste)

Folgende Aufzählung fasst die in diesem Kapitel besonders wichtigen Aspekte der Risikoaggregation zusammen:

- Möglichst transparente und für den Laien verständliche Darstellung der Technik erstellen
- Datenbasis der Simulation kritisch einordnen und auf gemachte Annahmen und Grenzen der Aussagekraft hinweisen, insbesondere bei Aussagen zu ‚allen' Risiken Basiswissen zu Größen wie z. B. value at risk, erwarteter Schaden, Konfidenzintervalle vermitteln
- Handlungsstrategien und -alternativen skizzieren, falls der Risikoumfang größer bzw. kleiner Risikoappetit ausfällt
- Adressatenkreis der Erkenntnisse definieren und Publikation der Resultate auf interne Vorschriften und die Unternehmenskultur abstimmen Maßnahmen.

Literatur

Segal, S. (2011). *Corporate value of enterprise risk management: The next step in business management.* John Wiley & Sons Inc.

5
Risikobasierte Entscheidungen

> **Was Sie aus diesem Kapitel mitnehmen**
>
> - Verständnis über das ERM im Kontext unternehmerischer Entscheidungen
> - Wie mit kognitiven und motivationalen Verzerrungseffekten umgegangen werden kann
> - Tipps und Gestaltungsempfehlungen zur Erhöhung der Entscheidungsqualität
> - Checkliste für den Transfer der Empfehlungen in die Praxis

5.1 Entscheidungsrelevanz eines ERM

Ein wesentliches Ziel eines modernen ERM ist die Unterstützung von Entscheidungsprozessen. Solche Entscheidungen können grundsätzlich in zwei verschieden Kategorien eingeteilt werden. Ein erfolgreich durchgeführter ERM-Prozess liefert Informationen, um:

- Entscheidungen hinsichtlich der originären Funktion von ERM zu treffen, nämlich der konkreten Risikosteuerung. Ein Ziel von ERM ist es, den Risikoumfang möglichst nahe an den Risikoappetit zu steuern. Übersteigt der Risikoumfang den Risikoappetit, bzw. überschreiten einzelne Risiken spezifische Risikolimiten, müssen Risikosteuerungsmaßnahmen entwickelt und umgesetzt werden. Unterschreitet der Risikoumfang den Risikoappetit deutlich, können ggf. kostenverursachende Maßnahmen (z. B. Versicherungen) reduziert werden. Bei diesen Entscheidungen geht es also darum, möglichst kosteneffiziente und effektive Risikosteuerungsstrategien zu definieren, wie der Risikoumfang auf ein akzeptables Maß (Risikoappetit) gesteuert werden kann.
- Entscheidungen des Managements positiv zu beeinflussen. ERM-Informationen fließen in Entscheidungsprozesse (z. B. hinsichtlich der Wahl strategischer Optionen) ein, damit Entscheidungen rationaler und unter risikorelevanten Gesichtspunkten getroffen werden können. Diese Entscheidungen sollen unter einer ausgewogenen Analyse von Chancen und Risiken getroffen werden. Der ERM-Prozess trägt wesentlich dazu bei, ein ideales Chancen- und Risikoportfolio für die Organisation zu erzielen, welches aktiv in die betriebliche Entscheidungsarchitektur eingebunden ist.

5.1.1 Entscheidungen über Risikosteuerungsstrategien

Bei Risiken, welche gemäß dem geltenden Risikoappetit nicht akzeptiert werden können, plant der Risikoeigner Maßnahmen, welche die Eintrittswahrscheinlichkeit und bzw. oder die Schadenshöhe reduzieren. Je nach Risikosituation trifft er Maßnahmen, die sich an den Ursachen (Prävention) oder an der Wirkung (Schadensbegrenzung) orientieren. Dabei stehen die in Tab. 5.1 aufgeführten Handlungsmöglichkeiten respektive Risikosteuerungsstrategien zur Verfügung:

Grundsätzlich entscheidet das Risikomanagement-Komitee unter Berücksichtigung des Risikoappetits, welche der Risiken akzeptiert werden können. Kann der Risikoeigner das Risiko trotz getroffener

Tab. 5.1 Grundsätzliche Risikosteuerungsstrategien

Risikovermeidung	Beseitigung von Aktivitäten, Gefahren und Belastungen
Risikoverminderung	Risikoreduktion (wirksame Maßnahmen)
Risikodiversifikation	Risiko wird verteilt (mehrere Risikoträger)
Risikotransfer	Risiko wird teilweise oder vollständig abgetreten (Versicherung, Outsourcing)
Risikoakzeptanz	Risiko wird bewusst eingegangen (Chance überwiegt)
Risikovermeidung	Beseitigung von Aktivitäten, Gefahren und Belastungen

Maßnahmen nicht tragen, wird es eine Hierarchieebene nach oben weitergeleitet (eskaliert). Werden Maßnahmen durch das Risikomanagement-Komitee genehmigt, wird dem entsprechenden Risikoeigner ein Budget zur Verfügung gestellt, um diese Maßnahmen realisieren zu können.

5.1.2 Entscheidung versus Ergebnis

In der Praxis besteht die Gefahr, dass eine gute oder schlechte Entscheidung mit einem guten oder schlechten Ergebnis einer Entscheidung verwechselt wird. D. h., bei einem unvorteilhaften Ergebnis wird fälschlicherweise geschlossen, die zugrunde liegende Entscheidung sei von schlechter Qualität gewesen. Ebenso kann ein gutes Ergebnis durch Glück und Zufall trotz schlecht vorbereiteter Entscheidung entstehen. Dies kann unter anderem zu falschen Schlussfolgerungen über die Qualität einer Risikobewertung führen. Interessanterweise werden gute Entscheidungen nicht nur mit guten Ergebnissen gleichgesetzt, sondern auch externe Personen wie Politiker, Berater oder Journalisten neigen dazu, zu wenig zwischen Entscheidungen und Ergebnissen zu unterscheiden (Spetzler et al., 2016). Das folgende Beispiel illustriert diese Unterscheidung:

> **Beispiel**
>
> Die Krankenkasse ‚Sonnenschein' befindet sich in einem stark regulierten Umfeld, das von den gesetzlichen Entwicklungen und den Vorschriften durch die entsprechenden Behörden abhängig ist. Diese können einen hohen Einfluss auf die Prämien und das Leistungsangebot haben. Regulatorische Anforderungen sind damit ursächlich mit den strategischen Risiken der Krankenkasse verknüpft.
>
> Eine strategische Entscheidung zur Lancierung eines neuen Versicherungsprodukts in der Privatversicherung musste zurückgestellt werden, weil sich die gesetzlichen Rahmenbedingungen nach der Produktentwicklung unvorteilhaft entwickelt haben. Der ‚Glaubwürdig Schlimmste Fall' des Risikos ist eingetreten. Kann für diese Entscheidung mit schlechtem Ausgang ein fehlerhafter ERM-Ansatz verantwortlich gemacht werden? Wenn die Risikobewertung zum Zeitpunkt der Entscheidung zur Lancierung des neuen Angebots sorgfältig erstellt wurde und das vom Risikomanager vorgelegte Chancen-Risiko-Profil (Chance: Erhöhung Marktanteile; Risiko: regulatorische Entwicklungen) zu einer rationalen Entscheidung innerhalb des Risikoappetits führte (hohe Entscheidungsqualität), war die Entscheidung korrekt, obwohl das Ergebnis aus dieser Entscheidung aufgrund des exogenen Faktors 'Regulator' offensichtlich negativ war.

Die Qualität einer Risikobewertung muss zum Zeitpunkt der Entscheidung bewertet werden. Der Grund dafür ist einfach: Entscheidungen können von Führungsgremien gesteuert werden. Hingegen können risikorelevante Szenarien, die durch diese Entscheidung entstehen, nicht mehr vollumfänglich kontrolliert werden. Leider sieht die Realität oft anders aus: Im Nachhinein werden vermeintlich falsche oder unzureichende Risikoanalysen des Risikomanagers als Begründung missbraucht, um schlechte Ergebnisse zu rechtfertigen. Dies wäre nur dann sinnvoll, wenn mit der Entscheidung keine Unsicherheit verbunden wäre. Dies ist aber bei den meisten Entscheidungen unter Unsicherheit, was zukünftige Entwicklungen oder Ereignisse angeht, nicht der Fall.

5.2 Unterstützung von Entscheidungsprozessen

Allgemein, insbesondere aber auch in der Gesundheitsbranche, dominiert bezüglich Risikomanagement der Fokus auf Fehler-, Risiko- und Kostenminimierung bei gleichzeitiger Erfüllung der rechtlichen Erfordernisse (dies entspricht einem stark regulatorisch ausgerichteten Risikomanagement). Werden die aus einem ERM gewonnenen risikorelevanten Informationen konsequent mit Entscheidungsprozessen verknüpft, wird damit die Erreichung der Geschäftsziele durch rationalere, ausgewogenere Entscheide unterstützt. Grundsätzlich kann im ERM zwischen wertgenerierenden und risikovermindernden Entscheidungen unterschieden werden, wie die folgende Aufzählung konkretisiert (Hunziker, 2021):

- Durch eine sorgfältige Kosten-Nutzen-Analyse von Maßnahmen zur Risikosteuerung können bessere Entscheidungen getroffen werden: Krankenhäuser können eine Rangliste nach anhand von quantifizierten Kosten-Nutzen-Überlegungen pro Maßnahme entwickeln. Die Kosten beziehen sich auf die Umsetzung einer Maßnahme (z. B. Versicherung abschließen, Investitionen in die IT-Sicherheit), der Nutzen entspricht dem Wert der Risikoreduktion (z. B. kann teures Eigenkapital eingespart werden, falls Versicherungen abgeschlossen werden).
- Falls der Risikoappetit den Risikoumfang übersteigt, müssen Maßnahmen zur Risikoreduktion geprüft und beschlossen werden. Solche Maßnahmen können die Eintrittswahrscheinlichkeit(en) und bzw. oder die Auswirkung(en) eines spezifischen Risikos reduzieren. Der Fokus sollte auf der Risikoprävention liegen, d. h. Maßnahmen zur Reduktion der Eintrittswahrscheinlichkeit sind grundsätzlich prioritär zu diskutieren.
- Eine risikoadjustierte Finanzplanung (z. B. Budgetierung und Mittelfristplanung) kann durch die Einbindung von risikorelevanten Informationen unterstützt werden. Stellt sich heraus, dass die Wahrscheinlichkeit zu gering ist, dass der aktuelle Plan sich

realisieren wird, können weitere strategische Optionen diskutiert und verabschiedet werden. Die Berücksichtigung von Kernrisiken im Finanzplanungsprozess ermöglicht einen rationaleren, formaleren und risikobasierten Entscheidungsprozess der Geschäftsleitung. Ein durch ERM unterstützter Planungsprozess führt zu einem ausgewogenen Risiko- und Ertragsmanagement.

- Die Berücksichtigung der gesamten Bandbreite quantifizierter Risikoszenarien kann Risiko Ertrags-Entscheidungen unterstützen und ergänzt die eher intuitive Beurteilung der Geschäftsleitung (d. h. es kann ein Gleichgewicht zwischen Intuition und Rationalität hergestellt werden).
- Finanzverantwortliche sind interessiert daran zu verstehen, wie sich der aktuelle (vor Entscheidung) und künftige (nach Entscheidung) Risikoumfang präsentiert und wie viel risikotragendes Eigenkapital zur Verfügung stehen muss. Jede Risiko-Ertrags-Entscheidung erhöht den Risikoumfang und muss Tragfähigkeitsüberlegungen standhalten.
- Quantifizierte Kernrisiken ermöglichen eine Art ‚Stresstest' für Organisationen aus dem Gesundheitsbereich, indem sie verschiedene strategische Entscheidungen und deren Auswirkungen auf den Risikoumfang vergleichbar machen (z. B. Entscheidungen bezüglich neuer Leistungsangebote).
- In Analogie zu den in der Finanzbranche verwendeten Kennzahlen des Risikomanagements können Krankenhäuser ähnliche Überlegungen anstellen und die Ergebnisse mit einem vordefinierten Risikoappetit vergleichen. So kann z. B. eine Krankenkasse nach einer risikobasierten Analyse zum Schluss kommen, dass mit einer Eintretenswahrscheinlichkeit von mehr als 10 % im nächsten Jahr der Wertverlust ihrer Kapitalanlagen um mindestens 30 % sinkt. Übersteigt dieser Risikoumfang den Risikoappetit, muss die Geschäftsleitung entscheiden, wie der Risikoumfang reduziert werden kann. Allenfalls könnte auch eine Erhöhung des Risikoappetits angebracht sein, wenn die Krankenkasse dieses Risiko vor dem Hintergrund der Wahrung des Chancenpotenzials bewusst tragen möchte.

- Gut ausformulierte Risikoappetit-Aussagen können weitere Entscheidungsprozesse unterstützen, die z. B. auf operativen Kennzahlen wie EBITDAR oder EBIT basieren. So weist eine anstehende Entscheidung über eine geplante Marketing-Kampagne eines Krankenversicherers eine Wahrscheinlichkeit von 5 % auf, dass ein pessimistisches Risikoszenario (Kampagne verfehlt die erwartete Wirkung) den geplanten EBIT in den nächsten zwei Jahren um 20 % reduziert. Je nach definiertem Risikoappetit kann diese Kampagne entweder genehmigt oder abgelehnt werden.

> **Tipp**
>
> Die COVID19 Pandemie kann eine Chance sein, den systematischen Umgang mit Unsicherheit und den Auswirkungen auf die Finanzkraft bzw. die Liquidität zukünftig zu optimieren. Die Krise hat eindrücklich gezeigt, dass viele Organisationen Nachholbedarf in der Finanz- und Liquiditätsplanung haben. Die Berücksichtigung von Risiken bzw. objektivierten, rationalen Risikoinformationen bei finanziellen Entscheidungen und damit auch der Liquiditätssicherung, ist entscheidend. Selbst in einer späten Phase der Pandemie müssen Folgerisiken (Rezession, Kundenbedürfnisse, Staatsschuldenkrise, Lieferkettenkrise) mit Szenario-Analysen beurteilt werden und Eingang in die Finanz- und Liquiditätsplanung finden. In einer solchen Situation unterstützen Risikomanager die Controlling- und Finanzabteilung, bisherige Erfolgskennzahlen (z. B. EBIT, Gewinn) zu überdenken und ERM-Aktivitäten stärker auf Liquiditätsaspekte zu fokussieren. Kurzfristig macht dies eine realitätsnahe Risikobeurteilung möglich, denn gerade die Liquiditätsengpässe stellen für viele Organisationen eines der wichtigsten Risiken dar.
>
> Finanzverantwortliche müssen auf das Liquiditätsmanagement fokussieren. Finanzverantwortliche und Aufsichtsorgane müssen alles Nötige dafür tun, eine ausreichende, langfristige Liquidität sicherzustellen und möglichst schnell die Ertragskraft zu erhöhen. Vor diesem Hintergrund kann und müssen die Finanzverantwortlichen eng mit Risikomanagern zusammenarbeiten. Leider wird die Verknüpfung der Finanz- und Liquiditätsplanung mit dem ERM zu wenig konsequent vorgenommen. Risikomanager müssen dafür sorgen, dass Risiken in der Finanzplanung und der Liquiditätsplanung transparent und über verschiedene Szenarien bewertet Eingang finden. Ist dies nicht der Fall, sind diese Risiken de facto unsichtbar und damit nicht steuerbar (Hunziker et al., 2020).

Vielfach werden Risikoszenarien erst dann diskutiert, nachdem Geschäftsziele definiert und Finanzpläne genehmigt wurden (Hunziker, 2021). Die Aufgabe des Risikomanagements reduziert sich damit auf die Risikominimierung. In vielen Fällen berücksichtigen Planungsprozesse Risiken und Chancen nicht ausreichend und bilden die Risiken nur unvollständig ab. Sie unterschätzen die wahren Risiken und sind in der Regel zu optimistisch ausgelegt. Darüber hinaus verlassen sich viele Organisationen bei der Planung vor allem auf historische Daten, die nur geringfügig an die zukünftigen Erwartungen angepasst werden (Schilling, 2018). Ein wichtiger Schritt ist daher die Verzahnung von ERM und Planungsprozessen. Wenn sich Organisationen auf einen risikoadjustierten, längerfristig ausgerichteten Finanzplan verlassen können, ist damit eine wichtige Voraussetzung für eine zukunftsorientierte Sicht auf Risiken und Chancen geschaffen. Dieses Integrationsdenken ist nicht nur ein ERM-spezifisches Problem, sondern eine organisatorische und kulturelle Herausforderung, an der weitaus mehr Mitarbeitende als nur der Risikomanager beteiligt sind. Einige dieser Herausforderungen (unvollständige Liste) werden nachfolgend kurz umrissen:

- Die Integration von ERM in Planungsprozesse bedeutet zunächst einen Wandel in der Organisation, der von der Unternehmensführung initiiert und unterstützt wird. Dieser Veränderungsprozess entspricht einer Ablösung von einem eher risikozentrierten Risikomanagement durch einen geschäftszentrierten Ansatz. Alle Beteiligten werden entsprechend informiert und geschult, warum eine risikoadjustierte Planung einen Mehrwert für Organisationen darstellt (Schilling, 2018).
- Die Unternehmensleitung kann die Ansicht vertreten, dass sie bereits über ein ausreichend fundiertes Verständnis des internen und externen Umfelds verfügt. Die Bereitschaft, ihre Annahmen durch eine separate Risikobewertung hinterfragen zu lassen, ist eher gering. Man sieht keinen Mehrwert, die vom Risikomanager bereitgestellten Analysen in Entscheidungsprozesse zu integrieren.
- Finanzverantwortliche sind nicht immer gewillt, Finanzplanung, Prognosen und Budgetinformationen mit dem Risikomanager zu

teilen. In der Realität kommt dies häufig vor, z. B. aus politischen Gründen oder weil der Finanzverantwortliche die Meinung vertritt, dass der Risikomanager keine relevanten Informationen zur Verbesserung des Planungsprozesses liefern kann.
- Personelle Wechsel können dazu beitragen, dass etablierte Mechanismen der Zusammenarbeit zwischen ERM und Finanzfunktion beeinträchtigt werden (Hunziker, 2021).

> Im vergleichsweise dynamischen Umfeld des Gesundheitswesens sind mehrjährige Pläne mit hoher Unsicherheit verbunden. Diese Unsicherheit muss direkt in der Planung ersichtlich gemacht werden. Multioptionale Pläne, die verschiedene sehr negative, aber auch positive Szenarien einschließen, ermöglichen ein deutlich realistischeres Zukunftsbild für den Entscheider als ein deterministischer Planwert. Risikomanager müssen enger in die Planungsprozesse eingebunden werden. Sie müssen Planannahmen künftig kritischer und öfter aus einer Risikooptik hinterfragen. ERM muss sich an die schnell voranschreitende digitale Transformation im Gesundheitswesen anpassen können. Dies bedeutet flexiblere, kürzere und adaptivere Bewertung und Überwachung von Risiken, die sich auf Pläne und Ziele auswirken können (Hunziker et al., 2020).

Wenn diese Herausforderungen erfolgreich gemeistert werden, gibt es grundsätzlich keine Hindernisse mehr für die Verbindung von ERM und Finanzplanung. In der Regel werden Planungsprozesse und ERM-Prozesse in separaten Organisationseinheiten oder Abteilungen (z. B. in einem Krankenhaus von der Finanzabteilung und der Rechtsabteilung, der das ERM unterstellt ist) initiiert. Der strategische Planungsprozess wird z. B. von der Geschäftsleitung und dem strategischen Controlling angestoßen. Oft werden diese beiden Prozesse parallel und unabhängig voneinander durchgeführt.

Nachfolgend werden einige Empfehlungen formuliert, was bei der Integration von ERM und Planung zu beachten ist (Hunziker, 2021):

- Die zeitliche Synchronisation der beiden Prozesse ist der allererste Schritt zur erfolgreichen Integration. Die Planungsteams müssen mit Risikoinformationen versorgt werden, bevor der Plan von der Geschäftsleitung genehmigt wird. Daher müssen alle wesentlichen Risikoszenarien, die einen potenziellen Einfluss auf die Organisationsziele haben, dem Planungsteam rechtzeitig vor Ablauf der Planungsfrist(en) mitgeteilt werden.

- In größeren Organisationen ist der komplexe Planungsprozess oft in mehrere Teilprozesse unterteilt. Aus einer übergeordneten Organisationssicht müssen Spezifikationen und Anforderungen oft mit den Plänen der einzelnen Geschäftseinheiten abgestimmt werden. Aus Sicht der Geschäftseinheiten muss jeder Leiter und jede Leiterin einer Geschäftseinheit grundsätzlich die strategischen Organisationsziele und die wichtigsten Risikoszenarien erhalten, die sich auf die Ziele der Geschäftseinheit auswirken können. Im Idealfall berücksichtigt jede Geschäftseinheit diese Informationen in ihrer eigenen Planung.
- Vor Beginn des Planungsprozesses sollte sich der Risikomanager mit den an der Planung Beteiligten in Verbindung setzen. Ziel ist es, zu klären, wie sichergestellt werden kann, dass der Risikomanager und das Planungsteam alle Planungsannahmen und Schlüsselrisiko-Szenarien strukturiert und zum richtigen Zeitpunkt diskutieren. Alle Planannahmen sind potenzielle Schlüsselrisiko-Szenarien und müssen vom Risikomanager entsprechend bewertet werden. Umgekehrt ist zu beurteilen, ob wesentliche Risiken zu (negativen und positiven) Planabweichungen führen können. Das Planungsteam und der Risikomanager sollten daher immer potenzielle Risikoinformationen koordinieren.
- Relevante Risikoszenarien müssen den einzelnen Planungspositionen zugeordnet werden. Es ist unbedingt zu ermitteln, welche Risikoszenarien sich auf welchen Planungspositionen in welchem Umfang auswirken können (z. B. Erlöse, Kosten, Diskontsatz). Es ist wichtig zu wissen, dass bestimmte Schlüsselrisiken die Planung über mehrere Jahre beeinflussen können.
- Die Integration von ERM und Planung gelingt nur, wenn alle relevanten Risiken quantifiziert werden. Risiken, die nur mündlich oder qualitativ mit Ratings und Skalen bewertet werden, können nicht direkt in die Planung einbezogen werden. Diese Risiken

werden de facto so behandelt, als besäßen sie überhaupt keine Relevanz (Gleißner, 2014).
- Qualitativ bewertete Risiken werden durch die ERM-Leitung beurteilt und in quantitative Bewertungsschemata ‚übersetzt', um sie der Finanzplanung zugänglich zu machen. Wo eine ERM-Software zum Einsatz kommt, kann diese Übersetzungsleistung automatisiert werden.

5.3 Tipps und Gestaltungsempfehlungen

Maßnahmen im Kontext des ERM sind keine gewöhnlichen Aufgaben oder Aktivitäten. Damit sie einen risikosteuernden Charakter entfalten können, müssen sie einer der vier generischen Risikostrategien (vermeiden, vermindern, transferieren, akzeptieren, vgl. Tab. 5.1) zuordenbar sein. D. h., die Auswahl einer Maßnahme erfordert zunächst die Festlegung, wie sich diese auf das zu steuernde Risiko auswirkt. Der Wirkmechanismus der Maßnahme zielt entweder auf Reduktion der Eintretenswahrscheinlichkeit oder Veränderung der möglichen Zielabweichung des zugrunde liegenden Risikos ab. Nur wenn sich diese Wirkung potenziell entfalten kann, besitzt die Maßnahme eine Berechtigung im Kontext des ERM.

Um den Wirkmechanismus der Maßnahme sicher begründen zu können, muss auch verstanden werden, ob der Ansatzpunkt der Maßnahme auf Ursachen- oder Wirkungsseite des Risikos liegt. Je nach Konstellation ergeben sich unterschiedliche Kategorien, wie in Tab. 5.2 ersichtlich wird:

Im betriebswirtschaftlichen Kontext muss sich jede Maßnahme, ob geplant oder im Rahmen ihrer Umsetzung, an Kriterien der Effizienz des Mitteleinsatzes messen lassen. Die Umsetzung der Maßnahmen ist ein ressourcenverbrauchender Vorgang, der in vernünftigem ökonomischem Verhältnis zum erwarteten risikosteuernden Beitrag stehen muss. Es ist nicht sinnvoll, eine Maßnahme einzuleiten oder auch nur zu planen, deren Kosten höher sind als die beabsichtigte Reduktion der Schadenshöhe eines Risikos.

Tab. 5.2 Ansatzpunkt der Maßnahme: Ursachen- oder Wirkungsseite?

	Ursachenseite	Wirkungsseite
Präventiv	Maßnahme zielt darauf ab, die Ursachen eines Risikos zu steuern. Eher die Ausnahme, weil die Ausgangslage häufig nicht oder nur wenig beeinflussbar ist, insbesondere wenn durch externe Faktoren bestimmt Z. B.: Gesetzlich bestimmte Fallpauschalen zur Vergütung stationärer Behandlung. Verbandsarbeit zur politischen Einflussnahme	Maßnahme zielt auf vorbereitende Aktivitäten und Vorkehrungen, damit eine unerwünschte Zielabweichung gar nicht erst eintritt. Häufigste Maßnahmenkategorie Z. B.: Team-Time-Out vor Operationen, Checklisten, Bedside-Scanning bei Medikamentenvergabe, Gestaltung von Pandemieplänen
Kurativ	Geringe Angriffsfläche für Maßnahmen. Extern begründete Ursachen sind oft nicht kurzfristig korrigierbar oder überhaupt nicht beeinflussbar	Maßnahme greift (erst) bei Risikoeintritt und unterstützt die Abmilderung des Schadens. Häufig mit Einbezug des Kontinuitätsmanagements bzw. der Krisenorganisation Z. B.: Lernen aus Fallbesprechungen, Krisenorganisation, Kontinuitätsmanagement

Unter diesen Gesichtspunkten nutzt die ERM-Funktion die Mechanismen des Controllings, um eine Maßnahme entsprechend einordnen zu können. Schlussendlich ist es die Leitungsfunktion der Institution, welche über den geplanten Mitteleinsatz und damit auch die zu ergreifenden Maßnahmen der Risikosteuerung entscheidet. Die ERM-Funktion unterstützt diesen Prozess, indem die Kostenfolgen bzw. die benötigten Ressourcen (z. B. Budget, personelle Ressourcen, Räumlichkeiten, Infrastruktur, Geräte, Materialien, IT) möglichst genau quantifiziert werden.

> Unbedingt zu vermeiden ist eine Situation, in der durch den Risikoeigner auch die risikosteuernde Strategie festgelegt wird. Es kann ein Interessenkonflikt eintreten, der die Strategie „Risiko akzeptieren – keine Maßnahmen erforderlich" begünstigt, um knappe Mittel zu sparen. Eine

> solche Strategiewahl kann sich ungünstig auf die Gesamtrisikosteuerung der Institution auswirken.

Bei Festlegung der Maßnahmen kommen u. U. Akteure zum Einsatz, die im bisherigen Verlauf des ERM-Prozesses nicht involviert waren. Den neuen Maßnahmeneignern fehlt der Kontext und das Wissen über den Gesamtzusammenhang, oftmals kennen sie die zu bewirtschaftenden Risiken der ERM-Funktion gar nicht. Somit können die Maßnahmeneigner die Bedeutung der ihnen zugewiesenen Aktivität nicht einordnen. Es besteht die Gefahr, dass eine Maßnahme zwar formal geplant und umgesetzt wird, dem Aspekt der Risikosteuerung jedoch unbewusst zu wenig Aufmerksamkeit geschenkt wird.

5.4 Stolpersteine

- Eine Maßnahme wird definiert, ohne dass die Wirkungsweise auf den risikosteuernden Beitrag hin analysiert wird. Eine solche Maßnahme wird auch bei erfolgreicher Umsetzung keine Veränderung des Nettorisikos erzielen.
- Maßnahmen werden nicht hinreichend auf ihre Wirtschaftlichkeit hin analysiert und entweder vorschnell abgelehnt oder trotz ungünstiger ökonomischer Kriterien akzeptiert. In beiden Fällen ergibt sich ein nachteiliger Ressourcenverbrauch für die Institution.
- Interessenkonflikt vermeiden, wenn Risikoeigner gleichzeitig auch die Strategie der Risikosteuerung festlegen.
- Maßnahmen werden nicht regelmäßig auf ihre Umsetzung und den geleisteten Beitrag zur Risikosteuerung hin untersucht. Es entsteht eine Scheinsicherheit, weil mit Beschließen einer Maßnahme fälschlicherweise auch bereits deren Wirkung angenommen wird.
- Die Umsetzung einer Maßnahme wird als ‚laufend' oder ‚kontinuierlich' rückgemeldet. Damit entzieht sich die Maßnahme einer konkreten Wirkungsanalyse. Im Extremfall wird die Umsetzung über mehrere Perioden hinausgezögert bei gleichzeitiger Inaktivität der Beteiligten – der Beitrag zur Risikosteuerung liegt bei null. Die

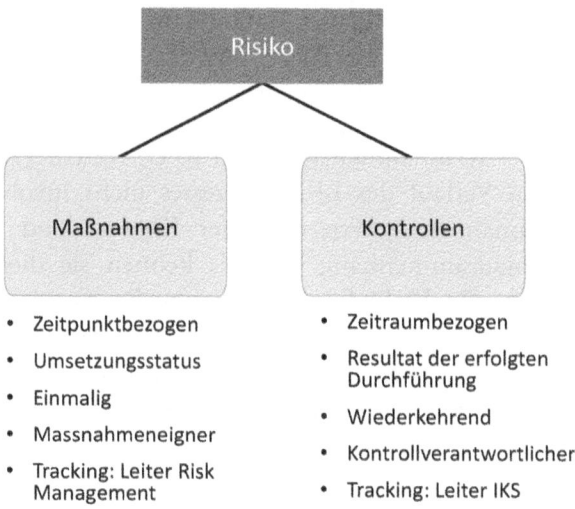

Abb. 5.1 Maßnahmen versus Kontrollen

genannten Umsetzungs-Stati ‚laufend' und ‚kontinuierlich' sollten vermieden werden.
- Dauerhaften Risiken, welche mehrjährig, wenn nicht sogar ewig bestehen bleiben (z. B. Patientenschädigung durch Fehler), werden u. U. durch punktuelle, einmalig stattfindende Maßnahmen nicht adäquat begegnet. Es sind eher Kontrollen gefragt, welche durch ihren wiederkehrenden Charakter sicherstellen, dass die Risikosteuerung nicht im Zeitablauf erodiert oder sogar abbricht (vgl. Abb. 5.1).

5.5 Zusammenfassung der Aktivitäten (Checkliste)

- Für jedes identifizierte Risiko wird die Risikostrategie bestimmt. ‚Risikoakzeptanz' als Strategie bedarf einer Freigabe durch ein Gremium, um selbstdienliche Steuerungseffekte zu unterbinden.

- Risiken werden auf die strategischen Planungsvorlagen ‚verteilt', d. h., es wird festgelegt, welche Management-Entscheidungen von welchen Risiken und Chancen berührt werden. Mehrfachzuordnungen sind möglich.
- Risikoszenarien werden mit den Planszenarien der Finanzplanung verknüpft. Es entstehen neue Szenarien, die ggf. im weiteren Verlauf des Planungsprozesses modifiziert werden (z. B. durch Glättung oder Verteilung auf mehrere Folgeperioden).
- Falls bereits kontingente Maßnahmenkataloge vorliegen, können deren Effekte auf die Risikoszenarien ebenfalls berücksichtigt werden. Ggf. ist zu beachten, dass langlaufende Maßnahmen ihre risikoreduzierende Wirkung erst in zukünftigen Perioden entfalten.
- Erkenntnisse, welche Maßnahmen schlussendlich als bedeutsam und relevant erachtet werden, fließen zurück in den ERM-Prozessschritt der Maßnahmenauswahl.
- Für eine spätere Erfolgskontrolle wird festgelegt, welche Strategieentscheidungen durch die Integration mit der ERM-Funktion eine vorteilhafte Wirkung entfalten und wie groß diese ausfällt. Dies kann hilfreich sein, den Wertbeitrag der ERM-Funktion zu quantifizieren. Wechselwirkungen zwischen geplanten Maßnahmen identifizieren und solche Maßnahmen in ein Maßnahmenbündel aufnehmen, welches den risikosteuernden Beitrag für die Gesamtunternehmung optimiert.
- Kosten-Nutzen-Analyse geplanter Maßnahmen erstellen. Die Nutzenseite wird aus der erwarteten risikosteuernden Wirkung abgeleitet.
- Das Maßnahmenbündel in einen Gesamtkontext stellen, welcher die risikosteuernden Aspekte betont (z. B. Reduktion des Schadensausmaßes, Reduktion der Eintrittswahrscheinlichkeit).
- Maßnahmeneigner über den Gesamtzusammenhang, die zugrunde liegenden Risiken, und die intendierte Wirkungsweise der Maßnahmen vor dem Hintergrund der Risikosteuerung informieren.
- Regelmäßige Überprüfung der Maßnahmenumsetzung einplanen und den realisierten Beitrag zur Risikosteuerung messen.

> **Transfer in die Praxis**
>
> - Binden Sie das ERM-System in die Entscheidungsarchitektur Ihrer Organisation ein.
> - Das Abwägen von Risiken und Chancen stellt einen integralen Teil der Entscheidungsfindung dar.
> - Erhöhen Sie die Entscheidungsqualität mit Hilfe von risikorelevanter Information.
> - Suchen Sie zuerst immer nach präventiven Risikosteuerungsmaßnahmen.

Literatur

Gleißner, W. (2014). 10 Gebote für gute unternehmerische Entscheidungen. *Controller Magazin, 4*(2014), 34–41.

Hunziker, S. (2021). *Enterprise risk management – Modern approaches to balancing risk and reward*. Springer Verlag.

Hunziker, S., Vanini, U., Durrer, M., Henrizi, P., & Unruh, A. (2020). *ERM Report 2020: Die Rolle der Risk Manager in der COVID-19 Krise*. Hochschule Luzern – Wirtschaft – Institut für Finanzdienstleistungen IFZ.

Schilling, B. (2018). Risikoadjustierte Unternehmensplanung – Integration von Unternehmensplanung und Risikomanagement. *Controller Magazin, 6*(2018), 30–36.

Spetzler, C., Winter, H., & Meyer, J. (2016). *Decision quality: Value creation from better business decisions*. Wiley.

6

Berichterstattung und Verbesserungsprozess

> **Was Sie aus diesem Kapitel mitnehmen**
>
> - Entwurf einer aussagekräftigen Berichterstattung an die Entscheidungsträger Ihrer Organisation
> - Vorgehen zur laufenden Überwachung der risikosteuernden Maßnahmen
> - Hinweise wie das ERM-System laufend verbessert werden kann
> - Konkrete Risikoberichterstattungs-Elemente
> - Tipps zur Gestaltung Ihres ERM

6.1 Risikoberichterstattung am Beispiel der Insel Gruppe

Die Risikoberichterstattung betrifft den Output des ERM-Prozesses. Sie stellt eines der wichtigsten Ergebnisse des ERM-Systems dar. Risikoberichte enthalten entscheidungsrelevante Informationen und geben Auskunft über die Schlüsselrisiken der Organisation und seiner organisatorischen Einheiten.

6.1.1 Ausgangslage

Die Insel Gruppe setzt für die Steuerung und Kontrolle ihrer Risiken auf ein einheitliches Berichtswesen, das sich auf zeitnahe, sach- und adressatengerechte Informationen stützt. Grundlage für alle Berichte sind, die in der Linie erfassten und vom Risk Komitee verabschiedeten Schlüsselrisiken, die vom Risikomanager zu einem flexiblen Gesamtbericht konsolidiert werden. Das Reporting ist genügend flexibel aufgebaut, sodass die Informationsbedürfnisse der Adressatengruppen (u. a. Risikoeigner, Direktion, Risikoausschuss, Aufsichts- bzw. Verwaltungsrat) bestmöglich adressiert werden. Zusätzlich bestehen ad-hoc Auswertungsmöglichkeiten zum Erstellen von Reports, neben online Dashboards mit Echtzeitinformationen über die im System bewirtschafteten Chancen und Risiken.

Der Verwaltungsrat benötigt eine Portfolio-Sicht (inkl. möglichen Abhängigkeiten zwischen Risiken) aller Schlüsselrisiken und deren Auswirkung auf finanzielle Steuerungsgrößen (z. B. EBIT, EBITDAR, freier Cashflow). Idealerweise lässt das Reporting einen Zusammenhang zwischen Strategie, Zielen, Schlüsselrisiken und -chancen sowie einen Vergleich zwischen Risikoappetit und dem Risikoumfang erkennen. Einzelne Schlüsselrisiken werden in ansprechender Form (Bewertung über mehrere Szenarien, Darlegung bestehender Maßnahmen, Vorschlag künftiger Maßnahmen, Trends, Auswirkung auf finanzielle Steuerungsgrößen) aufbereitet, damit sie direkt einzelnen Direktions- bzw. VR-Geschäften zugeordnet und in diese Berichte, Dokumente und Entscheidungsgrundlagenintegriert werden können.

6.1.2 Jährliche Berichterstattung

Risikobericht zuhanden der Direktion
Auf der Basis des Gesamtberichts wählt der Risikomanager die Schlüsselrisiken aus und fasst diese in einem Schlüsselrisikobericht zusammen. Dieser „Risikobericht zuhanden der Direktion" enthält pro Schlüsselrisiko neben der Bewertung jeweils verschiedene Szenarien sowie geplante und bereits umgesetzte Maßnahmen und deren

6 Berichterstattung und Verbesserungsprozess

Wirkung. Zur Darstellung solcher Schlüsselrisiken kann Abb. 6.1 als Vorschlag empfohlen werden:
Die Abbildung zeigt ein Beispiel, wie der Zusammenhang von strategischen Zielen und die damit verbundene Bewertung des glaubwürdig schlimmsten Falls, Key Risk Indicator (KRI, Frühwarnindikatoren) sowie die Referenz auf die Risk Map (falls gewünscht) aussehen kann. Dies ist ein Vorschlag, der zentrale Informationen pro Schlüsselrisiko generiert und die verantwortliche Person explizit nennt (Risikoeigner). Die vorgeschlagenen Maßnahmen können der Direktion bzw. dem Aufsichtsrat als Diskussionsgrundlage dienen.

Als weiterer Vorschlag für das Reporting dient Abb. 6.2. Die Inhalte fokussieren stärker auf die Maßnahmenorientierung (Steuerung). Sie beinhaltet folgende Informationen:

- Darstellung von drei Szenarien Worst-Case, Plan und Best-Case pro Schlüsselrisiko, inkl. Ursachen dieser Risiken (Ursachen sind in der Szenario-Beschreibung integriert oder können separat ausgewiesen werden)
- Bewertung Szenarien über Zielgröße (z. B. EBITDAR) und Jahres-Eintrittswahrscheinlichkeit
- Veränderungen der Risiken über die Zeit (Überwachung und Trendanalyse)
- Beschreibung der wichtigsten Korrelationen (Abhängigkeiten) zwischen Schlüsselrisiken
- Übersicht aktuelle Maßnahmen
- Künftige (geplante) Maßnahmen
- Wirksamkeit der Maßnahmen pro Schlüsselrisiko
- Verantwortliche Person (Risikoeigner)
- Key Risk Indicator (KRI)

Das Risikomanagement-Komitee bereinigt die Auswahl der Schlüsselrisiken auf der Basis des Vorschlags des Risikomanagers und des Risikoinventars zuhanden des Audit-, Risk- und Finanzausschusses (ARFA).

Strategische Ziele	Glaubwürdiges Worst-Case Szenario (Ursache-Wirkung)	Schadenpotenzial	Key Risk Indicator (KRI)	Vorschläge Maßnahmen	Risikoeigner
Nr. 1 Marktanteile erhöhen	Konkurrenz / Neuer Markteintritt reduziert eigener MA um 25% in den nächsten 3 Jahren	EBITDAR – 2 %	MA liegt ausserhalb von 30 – 40 % für mehr als 3 Monate	Markteintrittsbarrieren erhöhen USP schärfen Angebotsstrategie überprüfen	Frau Muster

Abb. 6.1 Vorschlag zum Reporting einzelner Schlüsselrisiken

6 Berichterstattung und Verbesserungsprozess

Top-Risiko 1 Kategorie: Strategische Risiken	Szenariobewertung		Wirkung Maßnahmen (Abgleich mit Chancen)	Trend-schätzung	Risikoeigner	Key Risk Indicator
	Auswirkung (EBIT)	Wahrschein-lichkeit				
Worst-Case Szenario: Ein Risiko in der künftigen Realisierung der Angebotsstrategie der Insel Gruppe ist...	-10 Mio. CHF (-2%)	5%	Akzeptabel	Zunehmend	Verantwort-liche Person	Indikator zur Messung des Fortschritts der Maßnahmen
Best-Case Szenario: Eine Chance in der künftigen Realisierung der Angebotsstrategie der Insel Gruppe ist...	+10 Mio. CHF (+2%)	5%				
Aktuelle Maßnahmen			**Zukünftige Maßnahmen (falls vom Risikokomitee zugesichert)**			
✓ Laufende Maßnahmen und Pläne zur Risikominimierung			✓ Zukünftige Maßnahmen um Risiken zu minimieren oder zu adressieren			
Beurteilung der künftigen Maßnahmen			**Korrelationen mit anderen Top-Risiken (Richtung und Stärke)**			
✓ Erwartete Wirkung der zukünftigen Maßnahmen			✓ Mögliche Abhängigkeiten zu anderen Top-Risiken und Stärke sowie Richtung der Korrelation (-1 / -0.5 / +0.5 / +1)			

Abb. 6.2 Vorschlag für maßnahmenorientiertes Reporting von Schlüsselrisiken

6.1.3 Risikobericht zuhanden des ARFA und VR

Der „Risikobericht ARFA und VR" beinhaltet die von der Direktion als besonders relevant eingestuften Schlüsselrisiken der Organisation (inkl. Bewertung, Szenarien und Maßnahmen). Der Audit-, Risk- und Finanzausschuss beschließt die Auswahl der Schlüsselrisiken auf der Basis der Auswahl der Schlüsselrisiken des Risikomanagement-Komitees und nimmt den Bericht ab. Dies ist notwendig, da der Verwaltungsrat die Verantwortung über die Schlüsselrisiken der Organisation innehat. Allfällige Korrekturen der Schlüsselrisiken durch den Verwaltungsrat werden nachvollziehbar protokolliert. Dieser Bericht geht zuhanden des Verwaltungsrats.

Die Berichterstattung erlaubt es dem Verwaltungsrat, seine im Zusammenhang mit dem ERM stehenden Aufgaben wahrzunehmen. Konkret kann der Verwaltungsrat damit:

- die Umsetzung des ERM überprüfen,
- sich mit den wichtigsten Risiken des Unternehmens auseinandersetzen,
- die Umsetzung der Maßnahmen beschließen und die Direktion mit deren Umsetzung beauftragen und
- die Risikopolitik überprüfen und sich zum Risikoappetit der Unternehmung äußern.

Ein Vorschlag für die Mindestanforderung einer VR-Berichterstattung wird in der nachfolgenden Abbildung präsentiert. Sie ist stärker risikoorientiert als in Abb. 6.2 und legt den Fokus auf folgende Schlüsselinformationen für den Verwaltungsrat (vgl. Abb. 6.3):

- Relevante, bewertete Risiken (Schlüsselrisiken) auswählbar und in folgende Gruppen einteilbar:
    - für das gesamte Unternehmen
    - pro Organisationseinheit
    - pro Fachbereich
    - pro Risikokategorie
- Darstellung der Gesamtrisikoposition und des schlimmsten Falls pro Schlüsselrisiko (inkl. Ampelsystem Risikoappetit bzw. -limit pro Schlüsselrisiko)
- Die Abbildung triggert Diskussionen um die Tragfähigkeit der aktuellen Risikosituation (im Vergleich zum Risikoappetit)

Als nächstes folgt ein Vorschlag, der überblicksartig die einzelnen Risikoappetit-Statements qualitativ pro relevanten Tätigkeitsbereich auflistet und die quantitativen Limiten (sofern verfügbar) ergänzt. Liegt die aktuelle Bewertung über dem Risikolimit, muss über Maßnahmen nachgedacht werden, der Risikoappetit wurde somit überschritten. Wenn der Trend zusätzlich nach oben zeigt, ist das ein Signal, dass einzelne Limiten ev. in naher Zukunft überschritten werden könnten (vgl. Abb. 6.4).

Werden gewisse Schlüsselrisiken akut oder treten neue Schlüsselrisiken auf, werden diese umgehend der Direktion, dem Audit-, Risk- und Finanzausschuss und dem Verwaltungsrat berichtet.

6.1.4 Überwachung der Schlüsselrisiken

Jeder Risikoeigner passt die Risikoidentifikation, -analyse und -bewertung in Abstimmung mit dem Risikofachexperten laufend, mindestens aber einmal pro Jahr an sich ändernde Gegebenheiten an.

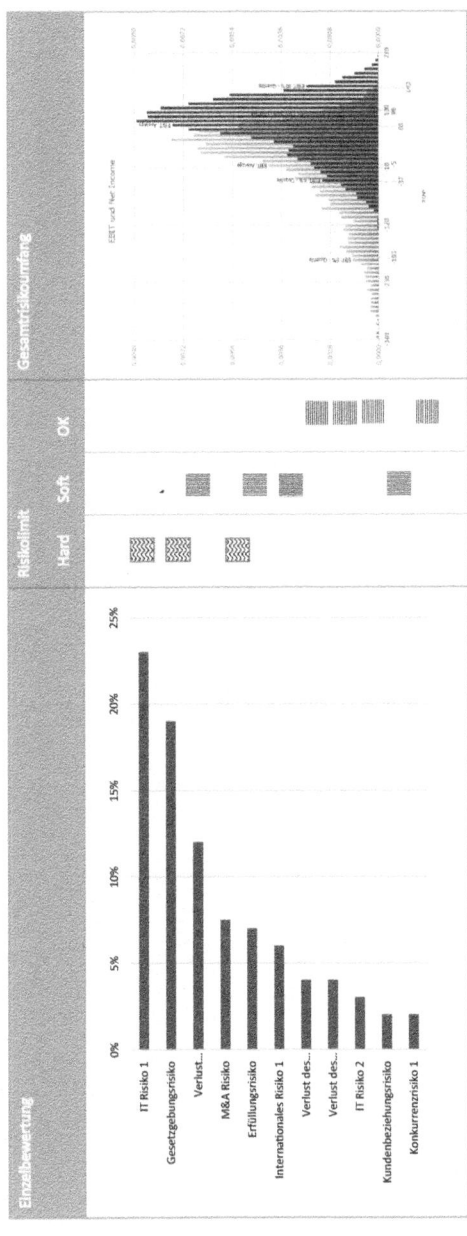

Abb. 6.3 Vorschlag für Reporting der Gesamtrisikosituation

Risikoappetit-Statements	Risiko-Limit		Aktuelle Bewertung		% von Limit	Trend-schätzung
	%	TCHF	%	TCHF		
Forschung & Entwicklung						
...						
...						
...						
Fortentwicklung Stadt & Landspitäler						
...						
Patientensicherheit						
...						
...						
Investitionen						
...						

Abb. 6.4 Berichterstattung der Risikoappetit-Statements versus Risikoumfang

Gleichzeitig überwacht der Risikoeigner, ob die Risikosteuerungsstrategie noch angebracht ist und – gegebenenfalls mit dem Risikofachexperten – ob die Maßnahmen umgesetzt werden und die gewünschten Resultate bringen.

Die Schlüsselrisiken und deren Maßnahmen werden regelmäßig überprüft und wenn nötig angepasst. Verantwortlich für die Überwachung der Risiken und der Kontrolle der Maßnahmen sind die Risikoeigner. Der Risikomanager führt mindestens jährlich strukturierte Führungsgespräche mit den Risikoeignern. Bei neuen oder sich akut verschärfenden Schlüsselrisiken sind vom Risikoeigner ad hoc-Führungsgespräche mit dem entsprechenden Risikofachexperten sowie dem Risikomanager einzuberufen.

6.2 Effektivitätsprüfung des ERM

Die Wirksamkeit bzw. Funktionsfähigkeit des ERM-Prozesses wird regelmäßig kritisch hinterfragt. Dies dient zur Erkennung von Verbesserungspotenzialen am ERM-System und dem ERM-Prozess hinsichtlich des Wertbeitrags zu Entscheidungsfindung.

Die direkte Quantifizierung von Kosten und Nutzen des ERM wird nicht primär verfolgt, der Fokus liegt vielmehr auf der Qualität der Erkenntnisse und Einsichten, die durch das ERM-System erbracht wird. Grundsätzlich stehen vier verschiedene Ansätze zur Verfügung, das ERM periodisch zu überprüfen und mögliche Verbesserungen vorzunehmen. Diese werden Tab. 6.1 zusammenfassend dargestellt.

6.3 Tipps und Gestaltungsempfehlungen

- Betriebliche ERM-Systeme, auch wenn sie auf etablierten, öffentlich bekannten Standards beruhen, sind immer maßgeschneidert auf die Institution, in der sie zum Einsatz kommen. Im Zeitablauf wird das ERM-System immer weiter auf die Gegebenheiten und Bedürfnisse der Organisation angepasst. Insbesondere bei einer aktiven Entwicklung nicht nur der Risiken und Chancen, sondern auch der

Tab. 6.1 Effektivitätsprüfung des ERM (vgl. Gleißner, 2018)

Test	Ziel und Beschreibung	Vorgehensweise
1. Formale Existenz des ERM	Keine hinreichende Effektivitätsprüfung, auditähnliches Verfahren, Prüfung der formalen Anforderungen an ein ERM	Überprüfung aller verfügbaren Dokumente und Richtlinien im Zusammenhang mit dem ERM. Folgende Dokumente können beurteilt werden: • Risikopolitik • ERM-Konzept Beschreibung des ERM-Prozesses • Risikoberichte und Berichtswege • Rollen und Verantwortlichkeiten • Risikohandbuch • Ziele des ERM • Nachvollziehbarkeit des gesamten Prozesses (Workflows, Walk-Through-Tests) Alle diese Dokumente können nach den folgenden Kriterien bewertet werden: • Aktualität • Fertigstellungsgrad (Vollständigkeit) • Verantwortlichkeiten für die Erstellung und Pflege dieser Dokumente • Klare Definition der Eigner und Empfänger der Dokumente (Berichtswege)
2. Qualität der Informationen	Konzentriert sich schwerpunktmäßig auf die Qualität der vom ERM-Prozess bereitgestellten Informationen. Dieser Test basiert auf der Frage, ob die ERM-Anforderungen der verschiedenen Stakeholder erfüllt sind	Die Unternehmensleitung prüft, ob • alle relevanten Risikokategorien abgedeckt werden • Risiken nachvollziehbar bewertet werden (mittels quantitativer, nachvollziehbarer Szenarioanalyse)

(Fortsetzung)

Tab. 6.1 (Fortsetzung)

Test	Ziel und Beschreibung	Vorgehensweise
		• die Risiken grafisch so aufbereitet werden, dass sie verständlich die Risikosituation der Organisation widerspiegeln und für Entscheidungen genutzt werden können • Chancen und Risiken gleichberechtigt bewertet werden • einzelne Risikoumfänge mit den definierten Risikoappetit-Aussagen verglichen werden können • Schlüsselrisiken verständlich aufbereitet (visualisiert) und zeitgerecht kommuniziert werden und ihre Auswirkungen mit relevanten Steuergrößen der Organisation verknüpft sind
3. Zielerreichung des ERM	Überprüfung, ob das *ERM seine ultimativen Ziele erreicht hat*	Evaluation, ob alle *relevanten Entscheidungen* (Investitionen, Finanzierung, Wahl strategischer Optionen, Risikosteuerungsmaßnahmen) in der Vergangenheit (z. B. letztes Geschäftsjahr) durch ERM-Informationen unterstützt wurden. Zu diesem Zweck kann der Risikomanager (unter Beizug entsprechender Entscheidungsträger) vergangene Entscheidungsprozesse rekonstruieren

(Fortsetzung)

Tab. 6.1 (Fortsetzung)

Test	Ziel und Beschreibung	Vorgehensweise
4. Analyse eingetretener Risiken	Analyse von Zielabweichungen und deren Ursachen dafür. Aussage möglich, ob das ERM tatsächlich relevante Informationen über Risiken, die sich auf die Ziele auswirken, liefern kann	Vergangene (relevante) Soll-Ist-Abweichungen für eine bestimmte Periode, z. B. für das letzte Geschäftsjahr, werden gesammelt und analysiert. Für alle identifizierten Abweichungen (z. B. Kostenabweichungen, Ertragsabweichungen, Marktanteilsabweichungen) werden die entsprechenden Ursachen identifiziert. Zweck ist es zu verstehen, welche Ursachen zu den realisierten Abweichungen geführt haben. Sind alle (oder zumindest die meisten) Ursachen bekannt, ist zu analysieren, ob diese Ursachen im Rahmen des ERM-Prozesses als (Schlüssel-)Risiken identifiziert wurden oder nicht

Methoden und Werkzeuge, entsteht ein hochgradig organisationsspezifisches System des ERM. Symbole (Logos, Corporate Design/Corporate Identity) und interne Normen und Werte unterstreichen diesen Aspekt. Dieser hohe Grad der Spezialisierung und Individualisierung auf den Organisationskontext macht ERM zu einer erklärungsbedürftigen, internen Dienstleistung. Als solche beinhaltet sie Konzepte, Methoden und Techniken, welche sich auch Fachpersonen nicht intuitiv erschließen. Die Individualisierung des hauseigenen ERM-Systems schränkt möglicherweise einen Intra-Branchenvergleich mit anderen Einrichtungen des Gesundheitswesens ein, auch wenn die Risikoinventare verschiedener Krankenhäuser ähnlich aussehen. Organisationen, den ein Vergleich mit anderen Häusern wichtig ist, berücksichtigen die Spezifika der verschiedenen Umsetzungen.

- Die Gesamtrisikobewertung mit ihrer simulationsbasierten Risikoaggregation ist nur ein Beispiel für eine komplexe Technik, deren Annahmen und Aussagen gut erklärt werden müssen. Techniken der Risikobewertung und Szenarioanalyse sind Aktivitäten von ähnlich hoher Komplexität.
- Der ERM-Prozess erstreckt sich üblicherweise über ein Jahr und erfordert regelmäßig den Einsatz von Personen aus der gesamten Organisation und dies auf unterschiedlichem Aktivitätsniveau. Aus dieser Komplexität heraus ergibt sich die Forderung, dass der Risikomanager regelmäßig die Grundlagen und Methoden des gewählten ERM-Ansatzes vermitteln muss, damit Transparenz über Ziele und Vorgehensweise besteht.
- Das Reporting der ERM-Funktion, die schriftliche und mündliche Berichterstattung an zumeist übergeordnete Auftraggeber und diverse Stakeholder, greift diese Anforderungen an Information und Transparenz der Abläufe auf. Neben der inhaltlichen Darstellung von Risiken/Chancen und Maßnahmen, welche durch die ERM-Funktion verwaltet werden, umfasst das Reporting immer auch grundlegende Informationen, welche zum Verständnis des Gesamtkontextes erforderlich sind.
- Eine Daumenregel bei der Erstellung stufengerechten Berichterstattung lautet 'Weniger ist mehr'. Zusätzliche Details können jederzeit auf Wunsch nachgeliefert werden. Der Detaillierungsgrad der gebotenen Information tariert die Pole 'Aggregierter Überblick für die Entscheidende Instanz' und 'Maximaler Informationsgehalt mit sämtlichen Details' derart aus, dass nur die entscheidungsrelevanten Informationen geboten werden, andererseits aber auch eine kontraproduktive Übersimplifizierung vermieden wird.
- Schließlich sollte die Berichterstattung automatisiert erfolgen können. Management-Cockpits werden von dem ERM-Softwaretool bereitgestellt. Diese liefern tagesaktuelle Daten in unterschiedlicher Verdichtung und Aggregation, bspw. entlang der organisatorischen Hierarchiestufen. Entsprechende Navigationsmöglichkeiten ermöglichen die Verzweigung auf tiefere Detailebenen und die Navigation zurück auf die Gesamtschau.

- Entscheider, welche nicht selbst mit dem Softwaresystem arbeiten wollen, erhalten standardisierte, generierte Berichte, die möglichst ‚auf Knopfdruck' erzeugt werden können.

6.4 Stolpersteine

- Die häufig gewählte, jährliche Berichterstattungs-Frequenz ist u. U. zu lang bzw. zu grobmaschig, um «bestandesgefährdende» (§ 91 AktG) Risiken adäquat im Auge zu behalten. Die Stakeholdergruppen des ERM sind Personen auf der 'Obersten Leitungsebene' und als solche mit unzähligen Informationen, Berichten, Vorlagen und Entscheidungsgeschäften aus den unterschiedlichsten Quellen befasst. Inhalte über die Schlüsselrisiken/Chancen, aber auch die Methodik des ERM, werden angesichts dieser Informationsflut schnell vergessen. Der Risikomanager besitzt demgegenüber einen Informationsvorsprung, u. a., weil der ERM-Prozess dort permanent gesteuert wird.
- Nicht-stufengerechtes Reporting kann zu Missverständnissen und falschen Entscheiden führen. Der Risikomanager definiert zusammen mit den Berichtsadressaten, welche Informationen auf welcher Stufe der Stakeholder gewünscht bzw. benötigt wird. Diese Definition geschieht frühzeitig in der Implementierungsphase.
- Anspruchsgruppen sind nicht homogen. Es gibt nicht 'den Aufsichtsrat' (bzw. Verwaltungsrat), in dem alle Mitglieder den gleichen Informationsbedarf haben. Dieser Informationsbedarf muss individuell erhoben werden, wobei der Risikomanager die relative Gewichtung der Stakeholder zueinander entsprechend berücksichtigt. Das heisst, der 'Obersten Leitungsebene' wird tendenziell mehr Aufmerksamkeit gewidmet als Einheiten, die lediglich ein nachgelagertes Informationsinteresse haben.
- Reporting zieht Entscheide nach sich. Der Aufsichtsrat nimmt die Schlüsselrisiken und -Chancen zur Kenntnis und beschliesst die risikosteuernden Maßnahmen. Der Risikomanager stellt sicher, dass die getroffenen Entscheidungen auch zurück in die Linie, die Kliniken und Abteilungen, kommuniziert werden und die

Umsetzung nach den Prinzipien der Risikosteuerung geschieht. Dies ist insbesondere dann von Bedeutung, wenn höhere Entscheidungsebenen Korrekturen, Anpassungen oder Richtungsänderungen an der ursprünglich vorgelegten Entscheidung vorgenommen haben. Wird dies nicht zurückgetragen, besteht die Gefahr, dass die konkrete Umsetzung nicht mehr der intendierten Risikosteuerung entspricht.

6.5 Zusammenfassung der Aktivitäten (Checkliste)

Folgende Aufzählung fasst die in diesem Kapitel besonders wichtigen Aspekte der Berichterstattung und Effektivitätsprüfung zusammen.

- Eine Stakeholder-Analyse identifiziert die unterschiedlichen Anspruchsgruppen und kategorisiert deren Einflussmöglichkeiten und Informationsbedürfnisse. Die Analyse dient dem Risikomanager, stufengerechte Berichtsformate zu entwickeln.
- Berichtsformate und Frequenz der Berichterstattung sind möglichst frühzeitig entwerfen und mit den unterschiedlichen Stakeholdergruppen abstimmen. Mock-ups oder Prototypen unterstützen diese Aktivität.
- Automatisierung bei Berichtsschreibung maximal ausreizen. Das Softwaresystem sollte so beschaffen sein, dass große Teil des Berichtswesens auf Knopfdruck generiert werden kann und die manuelle Nacharbeit minimiert wird.
- Regelmäßige ERM Auffrischungsinformationen für die verschiedenen Anspruchsgruppen anbieten, um die einzelnen Themen wie Methodik, Jahresplanung, Prozesse und Ziele des ERM erneut ins Gedächtnis zu rufen.
- Effektivität des ERM-Systems regelmäßig testen. Unabhängige Perspektiven und Einschätzungen, z. B. durch die Interne Revision, können hilfreiche Einsichten liefern, um eine zielgerichtete Weiterentwicklung des Systems zu fördern.

- Das ERM-System mit seinen Komponenten und Abläufen dokumentieren und vermerken, wo und warum von Standards abgewichen wird. Die – aktuell zu haltende – Dokumentation ermöglicht einen Branchenvergleich und dient als Grundlage für die Spezifikation der ERM-Softwareunterstützung.

> **Transfer in die Praxis**
> - Wissen Sie, welche Anspruchsgruppen Ihres Betriebs Informationen zu Risiken und Chancen benötigen? Welche Informationen besitzen Entscheidungsrelevanz und sind für die Zielerreichung unerlässlich?
> - Welche Inhalte werden wie oft und in welchem Format berichtet? Welche Mechanismen für die Nachverfolgung und Wirksamkeitsanalyse gibt es?
> - ERM ist eine dauerhafte Managementaufgabe. Wie erhalten Sie Ihr ERM-System im Zeitablauf aktuell und schlagkräftig? Welche Methoden gibt es, die Wirksamkeit Ihres ERM zu prüfen und auf umweltliche Dynamiken laufend auszurichten?

Literatur

Gleißner, W. (2018). Prüfung des Risikomanagements – ein Reifegradmodell. *Der Aufsichtsrat, 2*(2018), 18–21.

7
Zusammenfassung und Ausblick

> **Was Sie aus diesem Kapitel mitnehmen**
>
> - Was bedeutet der Wandel der Gesundheitsindustrie für das ERM?
> - Welchen Stellenwert hat Big Data im Kontext des ERM?
> - Anforderungen an Skills und Kompetenzen moderner Risikomanager
> - Fazit: Wie schafft ERM einen Mehrwert für Organisationen?

7.1 Risiken im Wandel

Das Gesundheitswesen bietet aufgrund seiner Dynamik, Innovationskraft und nicht zuletzt der enormen finanziellen Größenordnung eine breite Angriffsfläche für Risiken, aber auch Chancen, mit welchen sich die Unternehmensleitung auseinandersetzen muss. Nachfolgend sind Beispiele von Themen und Entwicklungen aufgeführt, die zunehmend einen stärkeren Einfluss auf das ERM ausüben:

- Mobile Geräte, ‚Wearables' und online Medien in Überwachung und Therapie. Smartphones, Fitness-Tracker und Sensoren werden eingesetzt, um die Vitaldaten der Trägerin zu überwachen, auszuwerten und ggf. an ein medizinisches Zentrum zu übermitteln. Proaktiv können bevorstehende gesundheitliche Probleme durch Algorithmen erkannt und entsprechende Maßnahmen eingeleitet werden. Dazu zählt auch die sofortige, automatische Intervention (z. B. Freisetzung von Medikamenten, elektrische Stimulierung von Nerven oder Muskeln).

- Gentherapie, individualisierte Medikamente und Kosten für CAR-T Therapien (chimeric antigen receptor T-cell). Neue Technologien ermöglichen patientenindividuelle Therapien für lebensbedrohliche Erkrankungen (Leukämien und verschiedene, ernste monogenetische Störungen). Die Behandlungserfolge sind z. T. bahnbrechend, rufen aber Kosten in Millionenhöhe für eine einzelne Anwendung hervor.
- Cyberangriffe und ‚Ransomware' (Lösegeld) gegen Gesundheitseinrichtungen. Schwachstellen in IT-Systemen und Medizintechnik, aber auch soziale Angriffsvektoren („Spearphishing') verursachen enorme finanzielle Schäden und gefährden Menschenleben.
- Einsatz von Künstlicher Intelligenz (Artificial Intelligence, AI) und Machine Learning (ML) in der Medizin. AI und ML werden zunehmend in Diagnose und Prognostizierung des Krankheitsverlaufs eingesetzt. Dabei sind die ablaufenden Verfahren und Algorithmen oft nicht transparent nachvollziehbar, das Vertrauen in den Roboter als eine ‚Black Box' erodiert.
- Bekämpfung multiresistenter Keime und Verhinderung nosokomialer (im Krankenhaus erworbene) Infektionen. Bakterien, Viren und Sporen befallen regelmäßig die Stationen und Abteilungen und lassen sich nur äußerst schwer eindämmen. Die Spitalhygiene steht einem zunehmend größer werdenden Problem gegenüber.
- Herausforderung bei der Impfstoffentwicklung durch Mutation der Erreger. Virenstämme mutieren laufend und stellen das Gesundheitssystem vor große Herausforderungen. Dies betrifft nicht nur Viren, die eine potenziell globale Pandemie hervorrufen können (z. B. SARS-Cov-2), sondern auch die ‚normalen' Influenzaviren, welche die saisonale Grippewelle auslösen.

7.2 Daten: Chance und Risiko für das moderne ERM

Unternehmen und Risikomanager benötigen moderne Ansätze, um die digitale und vernetzte Welt zu meistern. Diese Welt stellt Big Data, Datenanalyse, prädiktive und präskriptive Analytik als Methoden und Werkzeuge zur Verfügung (Romeike, 2018). Unternehmen des Technologiesektors wie z. B. Google und Amazon verfügen über große Mengen an Daten. Sie vermessen die Welt und erstellen Persönlichkeitsprofile. Sie untersuchen enorme Datenmengen auf Muster und Zusammenhänge, um Vorhersagen in Echtzeit zu ermöglichen. Die neuen Methoden der Datenanalyse versprechen präzisere Erkenntnisse und Auswertungen. Auch Unternehmen im Gesundheitssektor erhoffen sich genaue Prognosen über zukünftige Entwicklungen. Sie streben Risikominimierung und ein besseres Chancenmanagement an.

Immer mehr Menschen nutzen das Internet. Sie produzieren Daten über ihre Handys, Fitnessarmbänder, intelligente Uhren, vernetzte Navigationsgeräte und Autos. Unternehmen mit umfangreicher Datenanalyse kennen vermutlich viele geheime Wünsche besser als die Menschen selbst. Mit Hilfe von Daten und Algorithmen lassen sich mögliche Ereignisse vorhersehen, bevor sie überhaupt geplant sind (z. B. der nächste Einkauf). Hinter allen Technologien stehen analytische Methoden aus der Welt des quantitativen ERM. Für Organisationen und Behörden werden Antworten auf das „Wo und Warum" immer wichtiger (Romeike, 2018).

Eine vernetzte Welt mit mehr Daten kann zu Wachstumspotenzialen führen, birgt aber auch mehr systemische Risiken (Hunziker, 2021). Da Systeme voneinander abhängig sind, kann sich jedes Ereignis in dieser Kette schnell ausbreiten. Automatismen und Synergieeffekte verstärken die Auswirkungen. Big Data ist ein Begriff, der eine große Sammlung verschiedener Informationsquellen beschreibt. Die meisten dieser Quellen sind unstrukturiert und werden als Nebenprodukt anderer Aktivitäten erzeugt. Die Bedeutung der Nutzung von Big Data nimmt zu, nicht nur in der Wirtschaft, sondern auch im ERM. Das ERM kann von den Vorteilen solcher Analysen profitieren. So können beispielsweise Daten im Zusammenhang mit der Historie von Kartenzahlungen oder Gerüchte in der Presse und in sozialen Medien relevante Quellen für die Risikoerkennung sein. Durch mehr verwertbare Daten können ERM-Fachleute Risiken besser verstehen. Risiken können kontinuierlich verfolgt und effektiver reduziert werden. Für bestimmte Risiken (z. B. Forderungsausfälle oder Vertragsstrafen aufgrund von Lieferverzögerungen) eignen sich Kennzahlen (z. B. Zahlungsverzögerungen oder Schwankungen der Sicherheitsbestände). Diese Kennzahlen können mit entsprechenden Anwendungen aggregiert werden. ERM-Systeme mit Indikator- und Früherkennungsfunktionen sind in der Lage sind in der Lage, ihre Erkenntnisse kontinuierlich zu aktualisieren und auf Risiko-Dashboards darzustellen. Abweichungen von definierten Zielen lösen automatisierte Benachrichtigungen aus und zeigen akuten Handlungsbedarf an (Brooke, 2018).

Im Folgenden werden ausgewählte Anwendungsmöglichkeiten von Big Data im ERM aufgezeigt.

- Betrugserkennung. Big Data wird verwendet, um Algorithmen für maschinelles Lernen zu füttern, die auf die Erkennung von Mustern spezialisiert sind. Im Falle eines möglichen Betrugs ist dies nützlich, da eine Veränderung des Geschäfts auf kriminelle Aktivitäten hindeuten kann. Die in die Analyse einbezogenen Daten können nach Belieben variiert und in unterschiedlichem Kontext betrachtet werden. Abrechnungsbetrug wird durch Algorithmen in den Daten der medizinischen Leistungskodierung erkennbar gemacht. Umgekehrt kann der Algorithmus eingesetzt werden, um unvollständige Behandlungsdaten gemäß Tarifkatalog zu ergänzen und weiteres Ertragspotenzial zu erschließen. Dies geschieht in Echtzeit und adressiert das Risiko unvollständiger Leistungserfassung und -abrechnung,
- Verbesserte Szenarioanalyse. Mit dem Aufkommen von Big Data werden Szenarioanalysen und Simulationen möglich. Aus grossen Datenbeständen können präzise Ergebnisse abgeleitet werden, was sich positiv auf die Entscheidungsfindung auswirkt. Ein bekanntes Hilfsmittel für diese Aufgabe ist die Monte-Carlo-Simulation. Das Ergebnis zeigt den value-at-risk für ein Portfolio oder den erwarteten

Wert, z. B. des Umsatzes, innerhalb des für die Risikoanalyse als relevant erachteten Zeitraums (Brooke, 2018).
- Neue Geschäftsmodelle und Leistungsangebote entwickeln. Das Risiko neuer Geschäftsmodelle wird traditionell durch Audits und Due-Diligence-Prüfungen ermittelt. Ergänzend dazu werden Finanzkennzahlen herangezogen, welche jedoch angesichts der Neuartigkeit der Geschäftsmodelle nur wenig aussagekräftige Näherungswerte liefern. Auf dieser Basis käme kaum ein Start-up-Unternehmen mit einem vielversprechenden Geschäftsmodell für eine Finanzierung infrage. In solchen Situationen steht Big Data vor der Aufgabe, Risikomaße neu zu definieren und neue Bewertungsansätze zu schaffen.

7.3 Kompetenzen moderner Risk Manager

ERM befindet sich durch die zunehmende Digitalisierung und die rasanten Entwicklungen im Geschäftsumfeld in einem erheblichen Wandel (Hunziker, 2021). Die künftige Risikofunktion wird weniger durch Kompetenzen im Bereich der Risikoquantifizierung gekennzeichnet sein. Vielmehr müssen Risikomanager innovativer und kreativer werden. Strategisches Denken und die Fähigkeit, Geschäftsmodelle zu hinterfragen, werden Risikomanager zu geschätzten Geschäftspartnern machen. Herkömmliche Risikoberichte, die hauptsächlich auf historischen Daten beruhen, kommen in der Regel zu spät bei den Entscheidungsträgern an. Diese Berichte werden vermutlich mehr und mehr verschwinden. Die Relevanz und die Auswirkungen von nicht-finanziellen Risiken werden zunehmen. Die Risikoprofile der Organisationen im Gesundheitswesen werden sich ändern.

Hintergrundinformation
Es ist festzustellen, dass wenige Institutionen im Gesundheitswesen umfassende Erfahrung im ERM aufweisen. Meistens basiert das Risikomanagement auf Vorgaben, wie Risiken an die zuständige Behörde (Gesundheitsamt bzw. Gesundheitsdirektion) zu berichten sind. Da liegt der Schwerpunkt manchmal eher auf einer spezifischen Grafik-Formatierung als

z. B. auf der gewählten Risikostrategie. Oft ist das Risikomanagement nur von einer oder wenigen Personen betreut, deren Aufgabe es ist, fristgerecht den jährlichen Bericht einzureichen.

Als Folge wird man, will die Organisation ein wirklich schlagkräftiges ERM als Führungsinstrument aufbauen, die bisherigen Strukturen komplett infrage stellen müssen. Von eher administrativ-verwalterischen Tätigkeiten losgelöst, wird eine erfahrene Person, mit einem umfassenden Bündel an technischen Fertigkeiten und sozialen Kompetenzen im Gepäck, gesucht werden müssen.

Darüber hinaus werden die Ansprüche von ERM-Fähigkeiten an Risikomanager zunehmen. Zum Zeitpunkt der Erstellung dieses Quick Guides war die Covid-19-Pandemie noch allgegenwärtig. Die Pandemie zeigte eindrucksvoll, dass eine realistische, vernetzte, flexible und unternehmensweite Risiko- und Chancenbewertung eine Kernkompetenz heutiger Risikomanager ist. Die Pandemie offenbarte weitere wichtige Eigenschaften zukünftiger Risikomanager.

Eine von der Hochschule Luzern durchgeführte Studie beleuchtet die Aufgaben, Rollen und Kompetenzen von deutschen und Schweizer Risikomanagern in dieser globalen Krise (Hunziker et al., 2020). Die Umfrage konzentriert sich insbesondere auf die Beiträge, die Risikomanager zur Bewältigung der aktuellen Krise leisten können. Zudem wird analysiert, was ERM-Experten aus dieser Pandemie lernen können, um die Effektivität des ERM zu verbessern. Organisationen im Gesundheitswesen müssen visionär und in der Lage sein, Nutzen für ihre wichtigsten Stakeholder zu stiften. Dies kann durch den Aufbau einer effektiven Risikokultur und durch die Etablierung einer neuen Denkweise erreicht werden. Der künftige Risikomanager wird wahrscheinlich immer noch einen Risikobericht für die Unternehmensleitung erstellen (Simon, 2016), aber zusätzlich wird er auch noch etliche weitere 'Tricks' beherrschen müssen. Eine der wichtigsten Herausforderungen für Risikomanager besteht darin, als vertrauenswürdiger Geschäftspartner akzeptiert zu werden.

Hintergrundinformation

Risikomanager mit einer umfassenden Ausbildung im ERM sind im Gesundheitswesen eher selten anzutreffen. Oftmals werden Risikomanager durch ihre Position oder Rolle zusätzlich zum Risikomanager ernannt, nicht selten ist dies

Medizinalpersonen aus dem Qualitätsmanagement oder der Hygiene. Ihre Arbeit basiert dann auf dem Weiterführen des Bisherigen, mit allenfalls geringfügigen Anpassungen.

Es mangelt an Fähigkeiten und auch am Netzwerk, um das ERM signifikant zu entwickeln. Institutionen im Gesundheitswesen sollten idealerweise mehr in die Ausbildung ihrer Risikomanager investieren, oder bei einer Neubesetzung ausgebildete Risikomanager rekrutieren.

Auch das ERM befindet sich im Übergang zu einer neuen digitalen und agilen Welt. Daher sollte sich ein ERM regelmässig an die veränderte Umwelt anpassen. Risikomanager müssen ihre bestehenden Fähigkeiten vertiefen. Ebenso müssen sie neue Fähigkeiten erwerben, um hoch digitalisierte, innovative und agile Unternehmen unter Aspekten von Risiko und Chance zu verstehen (McKinsey, 2017). Einige dieser Fähigkeiten können erlernt werden, andere sind intrinsisch. Unternehmen haben verschiedene Möglichkeiten, die Fähigkeiten, die sie für die Zukunft benötigen, aufzubauen oder zu erwerben. Sie können lernen, rekrutieren, umverteilen oder Partnerschaften suchen (Dowdalls, 2018; Hunziker, 2021).

Hintergrundinformation
Lernen/Rekrutierung: Mehr Fokus auf nicht-finanzielle Risiken und ein ganzheitlicher ERM-Ansatz sind erforderlich, auch im Gesundheitswesen.

Die Ausbildung von ERM-Fachleuten konzentriert sich häufig auf finanzielle Risiken. Daher werden Zertifizierungen in diesem Bereich angeboten (z. B. Financial Risk Manager, Seminare zur quantitativen Modellierung usw.). Es kann jedoch gezeigt werden, dass nicht-finanzielle Risiken mit strategischen und operativen Ursachen eine hohe Relevanz haben. Daher gibt es häufig eine Wissens- und Erfahrungslücke im Umgang mit diesen nichtfinanziellen Risiken (Segal, 2011).

Generell ist zu beobachten, dass in vielen Ausbildungsprogrammen für Unternehmensfinanzierung und Finanzmanagement vor allem finanzielles Risikomanagement gelehrt wird. Auch in vielen Lehrbüchern über ERM wird ein starkes finanzielles Risikomanagement gefördert. Im Gegensatz dazu lehren Executive MBAs und andere Weiterbildungsprogramme strategische Managementinstrumente wie Porters 5-Faktoren, SWOT oder PESTEL. Nicht immer wird in diesen Programmen ein ganzheitlicher ERM-Ansatz, der strategisches Management und Risikomanagement kombiniert, verfolgt.

Wenn ERM Teil des Lehrplans ist, wird zwar eine Grundlage gelegt, aber die Integration in andere relevante Fächer ist selten. ERM zeichnet sich dadurch aus, dass es ein interdisziplinäres Fach ist und die entsprechenden Verbindungen zu Rechnungswesen, strategischem Management, Finanzmanagement usw. aufgezeigt werden müssen. Auch Aspekte der Psychologie (kognitive und motivationale Verzerrungen) und des Change-Managements sollten im ERM-Unterricht behandelt werden.

7.4 Fazit

Die Darstellung des generischen ERM-Prozesses umfasst eine detaillierte Darstellung der einzelnen Phasen mit der Ausrichtung auf die Instrumente, die vor allem in einem Krankenhaus von Nutzen sein können (Horst, 2012). Es wird deutlich, dass zwar eine Vielzahl an Instrumenten zur Verfügung steht, aber die Anwendung immer auch eine ‚Interpretation' und eine ‚Anpassung' an den jeweiligen Kontext ist. Gleichzeitig sind Risiken nicht klar zu kategorisieren und unterliegen subjektiven Einschätzungen. Diese Ernüchterung ist weniger eine dramatische, sondern eine verständliche, weil deutlich wird, dass die Anwendung im konkreten Kontext eben nicht so klar und eindeutig ist, wie der idealistische ERM-Prozess es darstellt. Aus diesem Grund ist es notwendig, die Empirie zu betrachten, nämlich wie die konkrete Ausprägung von ERM im Krankenhaus funktioniert.

ERM im Krankenhaus aus dieser postmodernen Sicht ist weniger ein regulierter bürokratischer Ablauf, sondern ein sozialer und sprachlicher Prozess der fortwährend betrieben werden muss. Wird der Begriff ‚Lernen' auf diese Weise verstanden, werden organisatorische und persönliche Veränderungen möglich. So lassen sich vorhandene Möglichkeiten ausschöpfen, neue Wirklichkeiten erzeugen und vermeintliche Grenzen überwinden.

In Kliniken besteht die Gefahr, dass ERM immer noch mit Krisenmanagement verwechselt wird – erst wenn tatsächlich unerwünschte Ereignisse vorgefallen sind, werden Ursachen und ihre möglichen Auswirkungen erforscht. Zwar ist das Fehlermanagement, d. h. die systematische Ursachenerforschung bereits geschehener Fehler oder Beinahefehler, untrennbar mit ERM verbunden. Jedoch, während das eine rückwärtsgewandt die Fehler der Vergangenheit für die zukünftige Fehlervermeidung oder -minimierung nutzt, ist das andere als prospektives zukunftsorientiertes Verfahren auf die Minimierung bzw. Vermeidung zukünftiger Risiken ausgerichtet, bevor sie entstehen.

ERM im Gesundheitswesen wird in der Literatur uneinheitlich beschrieben, häufig wird es als ein Baustein des Qualitätsmanagements verstanden. Tatsächlich lassen sich Qualitätsmanagement, Fehlermanagement und Risikomanagement nur schwer voneinander trennen. Dennoch gibt es gute Gründe, ERM als eigenständigen Bereich zu betrachten, der zwar in das Qualitätsmanagement eingebettet ist bzw. durch Qualitätsmanagement unterstützt wird, durch die prospektive Ausrichtung auf mögliche, mehr oder weniger wahrscheinliche Risiken aber über das klassische Qualitätsmanagement hinausgeht. Qualitätsmanagement dient vor allem dazu, die Qualität von Prozessen zu verbessern und ihre Effizienz zu steigern, und stellt nur eine von mehreren Kategorien von Maßnahmen zum Zweck der Risikominimierung dar (Land, 2011).

Damit das ERM nachhaltig einen Beitrag zum Erfolg der Organisation beitragen und damit seinen Wertbeitrag leisten kann, muss es eine entsprechend langfristige (Risiko und Chancen-) Perspektive aufzeigen und verfolgen. Dabei sind kurzfristige Einflüsse durch Risiken des Tagesgeschäfts (,flavour of the day', Tagesstimmung) eher hinderlich, weil sie zu viel Hektik ins System bringen. Hier muss sich das ERM deutlich gegenüber einem operativen Risikomanagement abgrenzen, gleichzeitig aber für dessen Themen, Strömungen und Tendenzen offen sein. Schlussendlich ist ERM auch ein bottom-up-Prozess, der sich aus zahlreichen Quellen, Mikroentscheiden und -risiken sowie individuellem Verhalten der Organisationsteilnehmer speist. Nur wenn diesen (Inputs) Gehör verschafft wird, kann sich ein übergeordnetes ERM entfalten. Silodenken (jede Station, jede Klinik, jeder Bereich bewirtschaftet die ,eigenen' Risiken und Chancen) stellt dabei die grösste Gefahr dar. Letztlich ist die erfolgreiche Umsetzung eines modernen ERM ohne entsprechende Anwendungssoftware nicht möglich (vgl. dazu die während des Forschungsprojekts entwickelte ERM-Software: www.newwin.ch/erm-software).

> **Transfer in die Praxis**
> - Verfügt der Leiter ERM über die geforderten sozialen und technischen Fähigkeiten, um eine überdauernde ERM-Funktion unterhalten zu können? Welche Skills müssen noch entwickelt werden?
> - Wird der ERM-Funktion eine geeignete Datenbasis zur Verfügung gestellt, um belastbare Beiträge zu Führungsentscheidungen zu liefern? Welche Daten können aus der Organisation gewonnen werden, welche sind externen Ursprungs?
> - Sind Sie bereit, eine schlagkräftige ERM-Funktion zu implementieren und diese regelmässig an neue Gegebenheiten anzupassen? Ist Ihr ERM ein lernendes System?

Literatur

Brooke, S. (2018). How can big data's potential Be unleashed for risk management? https://towardsdatascience.com/how-can-big-datas-potential-be-unleashed-for-risk-managemente7c62bcd02b7. Zugegriffen: 28. Nov. 2021.

Dowdalls, A. (2018). Building risk management skills for the future—Where to start? https://axveco.com/building-risk-management-skills-for-the-future-where-to-start. Zugegriffen: 30. Nov. 2021.

Horst, S. (2012). *Risikomanagement im Krankenhaus – Eine postmoderne Perspektive*. Dissertation. Katholische Universität Eichstätt-Ingolstadt.

Hunziker, S. (2021). *Enterprise risk management – Modern approaches to balancing risk and reward*. Springer Verlag.

Hunziker, S., Vanini, U., Durrer, M., Henrizi, P., & Unruh, A. (2020). *ERM Report 2020: Die Rolle der Risk Manager in der COVID-19 Krise*. Hochschule Luzern – Wirtschaft – Institut für Finanzdienstleistungen IFZ.

Land, B. (2011). Risikomanagement im Krankenhaus. In A. Klein (Hrsg.), *Risikomanagement und risikocontrolling* (S. 225–240).

McKinsey (Ed.). (2017). The future of risk management in the digital era. https://www.mckinsey.com/business-functions/risk/our-insights/the-future-of-risk-management-in-the-digital-era. Zugegriffen: 30. Nov. 2021.

Romeike, F. (2018). *Risikomanagement*. Springer Gabler.

Segal, S. (2011). *Corporate value of enterprise risk management. The next step in business management*. Wiley.

Simon, H. (2016). The future of risk management: Gamer boys and girls as chief risk officers. https://www.linkedin.com/pulse/future-risk-management-gamer-boys-girls-chief-horst-simon. Zugegriffen: 02. Dez. 2021.

The manufacturer's authorised representative in the EU is Springer Nature Customer Service Centre GmbH, Europaplatz 3, 69115 Heidelberg, Germany. If you have any concerns regarding our products, please contact ProductSafety@springernature.com

Printed and bound by CPI Group (UK) Ltd, Croydon, CR0 4YY

25/03/2026

02078181-0010